お金の心理術

多湖 輝

GOMA BOOKS

まえがきにかえて――お金に振りまわされず、上手につきあうために

人はなぜ、お金に操られてしまうのか

人とお金とのかかわりあい方・つきあい方を見ると、じつに人それぞれである。

身なりも食べ物も質素に切りつめて、若いころからコツコツと数千万円貯め、結局、自分では何も使わずに、お金だけを残して死んでいく人もいれば、思いがけず手にはいった大金を、わずか一晩で使い果たしてしまう人もいる。

あるいは三十年以上働いて、ようやく得た虎の子の定年退職金を、「半年で二倍になります」などというあやしげな儲け話につぎこみ、モトもコもなくす人もいれば、わずか二、三十万円の金品を受け取ったということで汚職公務員として告発され、一生を棒にふってしまう人もいる。

このように、人生の悲喜こもごものできごとの裏には、かならずといっていいほどお金の存在がある。そのお金とのつきあい方で、人生の幸・不幸が分かれることも少なくないが、ことお金に関することとなると、自分でうまくコントロールするのはなかなかむずかしい。いや、

私たちはみな、大なり小なり、お金に振りまわされているのではないだろうか。

たとえば、二十年来のつきあいがある友人でも、たった十万円の貸し借りで、すっかり人間関係にヒビがはいってしまうことがある。また、自分のことを「ケチだ」と言われると、だれでも深く傷つきやすい。そして、そう言った相手に憎しみをおぼえることさえある。また、ケチと言われたくないために、無理をしてでも人におごったり、高い物を買うなどして、使わなくてもいいお金を使ってしまい、後悔することもある。

つまり、お金がからむと、そこにさまざまな葛藤が生じ、人はふだんとはちがう心理状態になりやすく、その行動もふだんとはちがってくるのである。よく〝お金の魔力〟などといわれるがお金が人の心の動きに及ぼす影響力は驚くべきものがある。まさに、人はお金に操られてしまうのである。

新一万円札が不評な意外な理由

たとえば、その影響力の一つとして、お札の見え方の例をあげてみよう、昭和五十九年十一月に新しい一万円札・五千円札・千円札が登場して、すでに半年近くがたっている。当初は、新千円札と五百円札がまぎらわしいというので、買い物のときなど「千円札を出した」「いや五百円札しか受け取っていない」などの混乱もあったようだが、今では人びとも新しいお札になじみ、そうした取り違えもなくなったようである。

しかし、「新しい一万円札は、色やデザインが安っぽくって、重々しさに欠ける」という不満を持つ人は、いまでもかなりいる。一万円札が一万円分の価値があるものとして通用するぶんには安っぽく見えようが、重々しく見えようが、どうでもいい問題のはずだ。合理的に考えれば、たしかにそうなのだが、人間心理のうえでは、これはけっしてどうでもよくないことではないのである。

新一万円札が安っぽく見える原因は、もちろん色やデザインなどの問題もあるだろうが、なんといっても、その大きさに問題があるのではないだろうか。つまり、旧一万円札にくらべて新一万円札のサイズはひとまわり小さくなり、千円札と同じ大きさになったのだが、この物理的な大きさの縮小のため、その価値まで縮小したように感じられるというわけである。

以前、旧一万円札のころ、たて横数ミリずつ大きさを変えた白い紙を何枚か見せ、一万円札と同じ大きさと思う紙を選び出してもらうという実験をしたことがある。そのとき、正確に大きさをあてた人はごくわずかで、大多数の人は、一万円札より大きな紙を選んだのである。言いかえれば、こうした人たちはみな、一万円札を実際に目に見える大きさより大きく感じていたわけだ。こうした「過大視」が起こるのは、お金に対する欲求があるからで、アメリカでの実験によると、貧困家庭に育った子どもほど、この過大視が強く起こったという。

つまり、旧一万円札でも過大視を起こしていた人たちにとって、新一万円札は、イメージとしての一万円札の大きさにくらべてあまりに小さい。そのために、安っぽいという不満が生じてきたと思われるのだ。また、実際、物価が毎年のようにあがっていく昨今では、一万円の価値というのは、数年まえにくらべても下がっている。こうしたお金の価値が下がることへの不満もあって、新しいお札に慣れてきても、新一万円札が安っぽいという不満がなかなかなくならないのだろう。

以前、伊藤博文の千円札が出たときも、「カラフルで、おもちゃのお札のような気がする」という声はあったが、人びとが新しいお札になじむにつれ、だれもそんなことは言わなくなった。新一万円札への不満も、見慣れていないために起こるものなら、もう消えてもいいはずだが、根強い不満があるのは、こうした一万円の価値の下落への不満とも考えられるのだ。

それはともかく、これが一円玉になると、過大視とは逆の現象が起こり、かえって小さく感じられるようになる。一円玉と同じ大きさの円を見せ、「一円玉よりも大きいか、それとも小さいか」とたずねる実験では、ほとんどの人が、一円玉より大きいと答えた。そして、実際に一円玉を置いてみて、同じ大きさだと確認すると、「一円玉って、こんなに大きかったのか」と驚く人が多かったのである。これは、一円の価値をひじょうに軽いと考えているからだということは言うまでもない。ちなみに、一円玉の直径は二センチある。

毎日見ているお金の大きさを、実際よりも大きく感じたり、小さく感じてしまうのは、やはりそれがお金であるからだろう。このように、お金は、人間の知覚さえ狂わせてしまうものなのである。

お金は、自我の中核と深く結びついている

では、なぜこのようなことが生じるかといえば、お金は、人間の自我の中核、すなわち自我の中でも一番深いところにかかわっているからである。

たとえば、「あなたは一日に何杯コーヒーを飲みますか」という質問をされたとき、答えるのをちゅうちょする人は、まずいないだろう。「私はコーヒーは飲みません」とか「一日に三杯くらいです」と、だれでも正直に答えるはずだ。これは、コーヒーを飲む、飲まないということはさほど大きな問題ではなく、自我の表層近くにあることなので、人に知られようがどうしようがあまり気にならないためである。

しかし、これが「あなたの給料はいくらですか」となると、とたんに話はちがってくる。大半の人が、正直に答えるのにためらいを感じる。つまり、自分の給料の額を口にするのに、強い心理的抵抗感が生じるのである。「二十万くらいです」とか「ふつうのOL並みです」などと、正確なところを明かすのを避けようとしたり、「ご想像にまかせます」と、答えるのを拒否する人も出てくる。なかには、ウソを答える人もいる。

人が自分の給料の額について秘密主義になりやすいのは、「こんなに安月給では、バカにされないだろうか」と不安が生じたり、「金銭的にあまり豊かでないことを人に知られるのは恥ずかしい」と、正直に答えることで自分が傷つくのを避けようとする心理が働くからである。

じっさい、自我の中核にかかわっているからこそ、お金の問題では、ちょっとしたことで深く傷ついてしまうことがある。以前、妻に、「あんたなんか安月給取りのくせに」となじられた夫が、カッとなって妻を殺してしまったという事件があったが、この場合、殺人をひきおこすほど、心に受ける衝撃が大きかったわけだ。

逆に、たとえ些細な金額であろうとお金のことで得る喜びは、金額とは関係なく、ひじょうに大きく感じられることがある。若手サラリーマンが昇給のとき、同期入社の仲間より、自分の給料のほうがちょっと高くなったのを知って、大きな喜びを味わい、以前にも増してバリバリと働くようになるといったケースは、けっして珍しくはない。

考えてみれば、お金というものは、それ自体を見てみれば、ただの印刷された紙切れであり、金属の小さなかたまりにすぎない。以前、お札を刷っているところを見学したことがあるが、大きな紙に何枚ものお札が印刷され、一枚一枚に切断されるまえの状態のものを手にしたとき、はたしてこれが何十万円分もの価値があるのかと、不思議に感じたことがある。お札として、ピンとこなかったのである。

しかし、ただの紙きれでも、社会全体が「これにはこれだけの価値がある」と認めれば、りっぱにお金としての価値が生じてくる。そして、このお金さえあれば、ほしいものはたいがい手にはいる。

いってみれば、お金は、人間の欲望を充足させるための手段であり、同時に、人間の欲望のシンボルにもなって、人間の自我とも深くかかわり、ときに正常な判断力を狂わせたり、自分でも思わぬ行動に走らせたりしてしまうのである。

お金と上手につきあうには

最近、利殖の本がよく売れているそうだ。現在の生活への不満、老後への不安などから、お金の貯め方、増やし方を研究して、すこしでも多くのお金を得たいと思う人が、それだけ多いのだろう。もちろん、すこしでも多くのお金がほしいと願うこと自体は、悪いことでもなんでもない。お金などまったくほしくない、と本気で思っている人など、まずいないだろう。

ただ、ここでひとつ私が言いたいのは、お金の貯め方・増やし方のノウハウを知っただけではかならずしもお金が貯まるわけではない、ということである。

たとえば、お金を貯めたり残したりするのは、収入の多い人かというと、かならずしもそうではない。月に何百万円という収入がある場合でも、預金通帳の残高はいつもゼロに近いという人はけっして珍しくないし、逆に、年収数百万円でも、ガッチリと一千万円以上貯金しているという人もいる。

要するに、お金とどうつきあうか、ということが、こうした差を生じさせるのである。お金とのつきあい方を知らず、お金に振りまわされっぱなしでいては、いくら利殖にはげんでも、お金は貯まらないということだ。

また、かりにガッチリ貯めることができても、それでいいかという問題もある。お金は、人間の欲望を充足させるための手段だといったが、この手段が目的化し、お金を貯めることだけが生きがいになっているような人もいる。それはそれでいいのかもしれないが、その人の人生はずいぶん味気ないものになってしまうだろう。

もちろん、この本は、お金儲けの方法や利殖の仕方、あるいは上手なお金の使い方について書いたものではない。お金によって、人の心理や行動がいかに大きく動かされるかということを見ながら、人間心理のメカニズムを解剖していこうとするものだが、それとともに、こうした人間心理のメカニズムを知ることで、お金との上手なつきあい方を、読者とともに考えていこうと思って、私はこの本を書いた。人間心理とお金とのかかわりを書いたこの本に『お金の心理術』というタイトルをつけたのも、そのためである。

まえにも述べたように、お金とのつきあい方しだいで、人生の幸・不幸が分かれることが多い。幸せな人生をおくるためにも、お金との上手なつきあい方を知るうえで、この本がすこしでもお役に立てば幸いである。

多湖《たご》輝《あきら》

目次

2 貸す・借りるの心理術

なぜ、お金の貸し借りで人間関係が悪くなるのか 071

❸ 金銭感覚の心理術

4 売る・買うの心理術

5 賭ける・儲けるの心理術

なぜ、負け続けていてもギャンブルはやめられないのか

❶ 貯める・使うの心理術

なぜ、金持ちほどケチになりやすいのか

1 自分のイメージとかけはなれた大金が手にはいると、不安になってつい使ってしまいやすい。

もし、大金持ちになれたらどんなに楽しいだろう――だれでも一度や二度は、こうした夢想にひたったことがあるはずだ。しかし、思わぬ幸運に恵まれて大金が転がり込んできたとき、はたしてそれを素直に喜べるかどうかというと、はなはだ疑問である。というのは、人は、自分の生活レベルとはケタ違いの大金を手に入れると、不安になったり、使いみちに困って途方に暮れるということが往々にして起こるからである。

たとえば、ひと昔まえ、大都市近郊にいわゆる〝土地成金〟が数多く出現したが、そのなかには、酒やギャンブルですっかり財産を使いつぶしてしまったという人がけっして少なくない。その人たちの話を聞くと、大金を手にしたとき、とにかく不安で、何か金を使わずにはいられなかった。そして、ギャンブルなどで使いまくり、全財産を使いきったときはじめてホッとしたというのである。

もうすこし堅実な人の場合でも、とりあえず子ども時代からの夢だったプール付きの豪邸を建ててみたものの、その豪邸にいるとなんとなく落ち着かない。そのため、豪邸から毎日道路工事の仕事に出かけているという人が、東京近郊に実際にいる。

これらの例からもわかるように、人にはそれぞれ、自分自身について抱いているイメージがある。この自己認知像は、これまでの生活体験などから作られるものだが、その自己認知像をはるかに上まわる大金を手に入れたとき、人はその大金に合わせて自分のイメージを変えることは、なかなかできない。平たくいえば、今まで三畳一間で食うや食わずの生活をしてきた人が、一億円の大金を手に入れても、一億円の金持ちにふさわしい生活というのが想像できないのである。この大金と、それまでの自己認知像とのあいだにギャップがあればあるほど、人は不安になったり、冷静ではいられなくなってしまうのだ。

数年まえ、一億円を拾ったタクシーの運転手さんがいた。その人の場合、思わぬ大金を得た不安からだけではないだろうが、ガードマンを雇って話題になったものだ。もちろん、こうした大金も、ある程度時間がたつと、持っていることに慣れが起こる。そうなれば、不安も消え、冷静にお金の使い方を考えることもできるようになる。

「悪銭身につかず」といわれるが、思いもかけず手にはいった大金が残りにくいのは、こうした人間心理のメカニズムのゆえなのである。

＊思いがけず手にはいった大金は、定期預金にするなど、しばらく手をつけないほうがいい。

2

貯蓄額があるレベルを越えると、〝減らしたくない〟という心理から貯蓄欲がますます高まる。

家電業界では、新製品が大衆商品として普及するかどうかのポイントとして、価格が十万円を割ることをひとつの目安にしているという。かつてのテレビがそうであったし、最近ではビデオもそうなりつつあるが、標準的な価格が十万円以上であったときの商品の売れ行きと、十万円を切ったときの商品の売れ行きとでは、たんに価格の差だけでは説明のつかないほどの差があるという。逆にいえば、新製品を開発する側からすれば、価格が十万円を割ることができるような商品を開発しないことには、大ヒットは望めないということになる。

この十万円以下という金額は、なるほど、手を出しやすい価格である。このように、いくらまでならそう迷わずに一人で買い、いくらぐらいなら夫婦で相談するといったような、金額ごとの〝とっつきやすさ〟というものがたしかにある。もちろん個人差はあるだろうが、たとえば二、三万円ぐらいの商品は、ちょっと思い切れば一人でも買ってしまうだろうし、これが二、三十万円を越えると、夫婦でもいささか決断に迷うというわけだ。

よく貯蓄のコツを述べた本には、まず百万円を貯めよと書いてあるが、この百万円貯めるということには、十万円以上の買い物がなかなかできないという心理と相通ずるところがある。〝お金の神様〟といわれる邱永漢氏は、その著書のなかで、百万円という金額は、ブロックのような一塊りとなって、くずしたくなくなるものだと述べているか、こうした心理メカニズムが働くために、いったん百万円が貯まると、あとはお金が貯まりやすくなるのである。

ふつう、百万円まで貯まるのが待てずに、二、三十万円貯まったところで買いたいものができて買ってしまうケースが多い。またすぐに貯めればいいと考えてしまうわけだが、残念ながら、こういう人には、なかなかお金は貯まらない。じっとがまんして百万円まで貯めてみるとわかることだが、二、三十万円のときにはそれほど感じなかったゼロ円との差が、百万円まで貯まるとにわかに大きな差に思えてくる。かりにそのとき二、三十万円ほどの買い物予定があったとしても、お金を使うのが惜しくなって、買い物をあきらめたりするようになる。

ゼロ円から二、三十万円貯めたときには、たかだが二、三十万円だが、百万円になったとたんに、お金が大きく変身するのである。百万円から減らしたくないという心理が芽ばえ、さらに貯蓄欲が高まる。このように貯蓄というのは、あるレベルを越えると、お金に対する執着心も生むのである。

＊お金を貯めたいなら、貯金が百万円を越えるまでは絶対に使わないこと。

3

たとえ目的がはっきりしなくても、自分で自由にできるカネを確保したいがために、人はヘソクリをする。

ヘソクリというと、主婦をすぐ連想する人が多いのではないだろうか。しかし、ヘソクリはなにも主婦の専売特許ではなく、男性にもヘソクリをしている人はけっこういる。ある調査によると、サラリーマンの約半数はヘソクリをもっているという。あたかも人間には、ためこみ本能というかヘソクリ本能というか、そういうものがあるかのようだが、人はなぜ、ヘソクリをするのだろうか。

ヘソクリというと、歴史上名高いのが、あの山内一豊の妻の話である。貧乏時代、名馬が買えずに困っていた夫に自分のヘソクリをわたし、夫はおおいに面目《めんぼく》をほどこしたというわけだが、主婦のヘソクリには、このような不時の出費や家族のための出費に備えて、という色彩が強い。

こうした主婦にくらべ、夫族のヘソクリはもっぱら自分自身のためにあるようだ。たとえばゴルフのクラブ、釣りざお、カメラのストロボなど、趣味のものは自分のヘソクリで買うという人が多い。こうしたものは、妻にいちいちおうかがいをたてれば、「そんなものを買うよりは」と反対を受けることが十分予想されるが、そうしたおうかがいをたてたり、妻を説得したりというわずらわしさから解放されるのがヘソクリのよいところであろう。

要するに、ヘソクリは自分の自由裁量で使えるところに、その大きな意義があるというわけだ。じっさい、給料は銀行振り込みですべて妻の手に押さえられ、夫の小遣いは子どもの教育費などの圧迫を受けるという状況下にあるサラリーマンにとって、自由裁量で使えるお金というのは意外に少ない。

いっぽう人間には、自分で自由に使える金額が大きいほど、自分の能力が広がったように感じる面がある。これは何をするにもお金がなければはじまらない現代社会では、当然の心理といえるが、だからこそ、自由裁量できる金額の拡大を目ざして、人はヘソクリをするのである。裏を返せば、自分の自由になるお金が少ない人ほど、せっせとヘソクリに励むというわけだ。

夫や家族のためにヘソクリをするという主婦の場合も、その心理は似たようなものである。いざというときポンとヘソクリを出すことができれば、夫や家族に自分の有能さを印象づけることができる。これは山内一豊の妻ですでに証明されているが、自分の有能さを人に示す快感を味わうためにも、主婦にも、自分で自由に使えるヘソクリが必要なのである。意地の悪い見方をするようだが、いくら名目を飾ろうと、結局ヘソクリは自分自身のためにしているものなのだ。

＊ヘソクリの使いみちは、夫婦のあいだでも口をはさまないほうがいい。

4

お金のない人ほど、安いものを買うことに強い心理的抵抗を感じる。

私の知人に、いくつもの会社のオーナーをしている大金持ちがいる。彼はつねづね「金持ちほどケチだ」と言ってはばからないのだが、たとえばすし屋などに行って「上・中・並」があると、彼は平気で並を注文する。それに対して私は、並を頼むのはどうしても気後れしてしまい、中あたりを頼むことになってしまう。

また、アメリカの大富豪であるロックフェラー一家が日本で休日を過ごしたとき、みんなはき古したジーパンスタイルで、とても世界的な富豪一家には見えなかったという。それにくらべて、日本からパック旅行で海外に出かける人たちを見ると、服やら靴、カバンなど新調したばかりのピカピカのスタイルの人が多い。海外での日本人旅行客は、金のかかった服装をしているので、スリなどの絶好のカモになりやすいということは定評のあるところである。

このように、金持ちほど質素でお金を使わず、金のない人ほど贅沢をしたがる傾向があるのだが、なぜかといえば、金のない人にとっては、安物を買うことには、強い心理的抵抗が働くからである。つまり「自分は、こんな安物しか買えないのか」とみじめな気分になったり、他人から貧乏人だとバカにされるのではないかという不安にかられ、安物を買うのをためらってしまうわけだ。この金がないという ひけ目や劣等感から、つい無理をしてでも高いものを買ってしまう。言いかえれば、貧乏人ほど安物は嫌いなのである。

しかし、金持ちにとっては、そんなひけ目や劣等感はないから、安い物でも平気で買える。品質や機能に問題がなかったら、安い物のほうがトクなのだから、わざわざ高い物を選ぶ必要もないというわけだ。考えてみれば、実利をとるのはごく当たりまえのことなのだが、それができないところが、金のない人間の悲しい習性といえようか。

先年、『見栄講座』という本がベストセラーになって話題を呼んだが、現実に、はたから見ているとこっけいになるくらい、つまらない見栄をはっている例は多々ある。六畳一間ぐらしの若者が、何百万円もするクルマを乗りまわしていたり、彼女を誘って六本木の高級レストランで最高のステーキを注文したりするのを笑える人が、はたしてどれくらいいるだろうか。よほどの大金持ちでないかぎり、みんな大なり小なり見栄をはって、すこしでも高いものをと無理をしているのである。こうした見栄に惑わされているかぎり、お金のない人は浪費ばかりしていて、いつまでたってもお金が貯まらず、金持ちほどますますお金が貯まっていくのだ。

＊お金を貯めるには、安物でも平気という心構えをつくることがだいじ。

5 金持ちになりたいと願っている貧乏人ほど、金持ちをバカにする。

テレビの人気時代劇のひとつに「水戸黄門」がある。ご存じのように、天下の副将軍水戸黄門が、助さん格さんをお伴に旅をして、行く先々で悪人をこらしめるといった、ワンパターンのドラマである。私もいつも見ているわけではないが、たいがい劇中で悪人になるのは、不思議にいつも権力をかさにきた悪代官や金持ちの悪徳商人たちで、貧しい庶民が悪役をやることはほとんどないようだ。暗黙のうちにも、金持ちは悪、貧乏人は善といった図式がある。こうした図式のほうがウケがいいからだ。古今東西の映画にしても演劇にしても、昔からこのパターンは、基本的に変わらないようである。

しかし現実の問題として、ほんとうに金持ちには腹黒く陰謀好きな悪人が多く、貧乏人には善良でお人好しの人が多いといえるのだろうか。もちろんそんな単純な問題ではないし、だれしも、金持ちがみんな悪人であると、本気で思っているわけではない。

有名なイソップ童話のなかに、「すっぱいぶどう」という話がある。ぶどう棚にぶどうがたわわに実っていた。キツネが、このうまそうなぶどうが食べたくて、何度も飛び上がったが、どうしても手に入れることができない。とうとうぶどうをあきらめたキツネは、最後にくやしそうにつぶやく。「ふん、どうせあのぶどうは、すっぱいぶどうにちがいない」

このきつねの「すっぱいぶどう」の心理は、金持ちを悪人に仕立てたい貧乏人の気持ちに相通じるものがある。金持ちになりたいという欲望が強ければ強いほど、貧乏人にとどまっている自分としては、金持ちを「すっぱいぶどう」だと思い込みたいのである。金持ちが高価な美術品でも買うと、どうせ成金趣味だとけなし、福祉関係に多額の寄付でもしようものなら、売名行為に利用しているとあげつらう。金持ちを悪く言わないことには、自分の貧しさに対する欲求不満がおさまらないのである。

この「すっぱいぶどう」の背中合わせにある心理が、「甘いレモン《スイート》」の心理である。自分が手に入れたすっぱいはずのレモンを、あえて甘いものだと思い込んで満足感を得ようとする心理である。人間は金をもつとろくなことはないと言ったり、金をもたない人間のほうが立派な人間性をもっていると言って、貧乏の美点をあげるのは、いわば貧乏人にとっての「甘いレモン《スイート》」なのである。金持ちを意識すればこそ、金持ちをバカにする。ことさらに金持ちを悪く言う人の心には、つまりは金持ちになりたいという強い願望があるというわけだ。

＊金持ちをどう思うかを聞くことで、その人のお金に対する満足度がわかる。

6 自分のプライドをくすぐってくれることなら、人は、タダ働きでも損ではないと思う。

アメリカのある大手エレクトロニクスメーカーが新製品のデザインを決定するにあたって、七十五人のデザインエンジニアに協力を依頼したことがある。そのデザインについて、意見やアイデアを求めるアンケートを行なったのだが、その協力への謝礼は、希望する専門雑誌を二種類、一年間無料で郵送するというものだった。いずれも、高額の収入を得ているエンジニアたちばかりだったので、雑誌などという微々たる謝礼ではたして協力してくれるかどうか危ぶまれたのだが、フタをあけてみると、なんと約八割が協力してくれたというのである。しかも、彼らの大部分が、発売されたその製品を積極的に使用し、広くすすめてくれたのだ。

彼らにしてみれば、タダ働き同然なのに、なぜこれほどまでに協力してくれたのだろうか。これは、ひとつには、この仕事を通じて彼らのプライドが大いにくすぐられたからである。まず、大勢いるデザインエンジニアの中で、自分は選ばれた存在だということで、優越感を満足させられ、さらにその新製品のデザインには自分が関与しているという誇りが加わる。このようにプライドがくすぐられると、金銭的には割りの合わない仕事でも、喜んで引き受けてしまうのが人間心理のつねなのである。

同じような例は、私たちの身近にもたくさんある。たとえば、大学卒業後、研究室に残る人は、一般企業に就職したクラスメートにくらべて、収入は格段に少ない。にもかかわらず、安月給に甘んじているのは、学問の世界をリードしているというプライドがあるからだろう。あるいは、食品会社などが主婦をモニターにすることがあるが、モニターに選ばれた主婦は、自分は選ばれたというプライドから、パートを休んでも、交通費とわずかな謝礼しか出ないモニター会議に、熱心に出席してくるのである。

もちろん、何にプライドを感じるか、また、そのプライドがいくらくらいの金銭的価値に換算されるかは人によってちがう。ある人にとっては、一文の値打ちもない勲章が、他の人にとっては、勲章をもらうためなら多額の寄付をしてもいいという価値のあることもある。その場合の寄付金も、百万円以上なら勲章はあきらめるという人もいれば、数千万でもいいという人も出てくるのである。

要するに、プライドなどというものに値段《プライス》の基準などあるわけがない。プライドはプライスレスだからこそ、人はそれぞれの価値観に従って、ゼロから無限大までの値段をつけるのだ。

＊人からお金をひき出すには、まず相手のプライドをくすぐってやる。

7 自分と同等の人間との収入の差は、たとえわずかな差であっても、大きな差に感じられてくる。

かつて、あるマーガリン会社が、街の主婦にインタビューして、そのマーガリンの味について感想を述べてもらうというテレビコマーシャルを作ったことがある。タレントや女優ではなく、ごくふつうの主婦を登場させたのは、マーガリンの主たる購買層である主婦たちに親近感をもってもらうためだったが、このコマーシャルは、一部の主婦たちのあいだで評判がよくなかった。反発した主婦たちは、おそらくテレビに出たいと心の中で願っているものの、テレビに出るチャンスに恵まれない人たちだろう。彼女たちにとって、テレビに出て自分が主役になるというのは、自分とはほとんど縁のない夢の世界での話である。にもかかわらず、自分とほとんど変わらないように見える平凡な主婦が、コマーシャルとはいえ、テレビに出てスポットを浴びているのだから、『あんな人を出すなんて』とつい腹が立ってしまうわけだ。もし、登場していたのが女優なら、彼女たちもそう反発を感じなかったにちがいない。

このように人は、自分と同程度と思っている人が、自分よりすこしでもいい目に恵まれると、嫉妬や腹立たしさをおぼえ、平静でいられなくなる。逆に、自分と同程度の人が、ひどい目にあったりすると、口では「お気の毒に」と同情しても、内心では優越感を感じていたりするものだ。しかし、これが最初から自分よりはるかに能力があるとか住む世界がちがうと認めている相手となると話はちがってくる。その人たちがどんなに恵まれた生活をおくっていようと、うらやましいとは思っても、それ以上に感情をかきみだされることはない。

このような人間心理のメカニズムがもっとも端的にあらわれるのが、会社での給料の査定だろう。同期に入社して、同じように仕事をこなしてきたはずなのに、昇給で五百円の差がついて悔しい思いをしたなどという話をよく耳にする。社長や部長とのあいだには、もっと大きな給料の差があるのに、そちらのほうはそれほど気にならず、客観的に見ればたいした差とも思えない五百円のほうが気になるのである。これも、自分と同程度の人間とのあいだについた差だからこそ、小さな差が、心理的には大きく拡大されてくるわけだ。

だからこそ、たった五百円の差でも、上に立った者はひじょうに優越感をおぼえるし、下になった人間は、悔しさや劣等感を味わうことになる。日本の一般企業では、こうして社員のやる気を引き出しているわけで、もしこれが社会主義国のようにまったく差がなくなったら、給料をめぐる心理的葛藤はなくなるだろうが、同時に仕事への意欲も減退してしまうだろう。

＊パートやアルバイトの人でも、賃金にわずかでも差がつくとやる気をおこしやすい。

8

たとえ正当な報酬でも、もらう側は、自分の口から報酬の金額について口にすることにためらいを感じる。

ある企業の研修担当者の話によると、外部から講師を招いて講演してもらうとき、講演料をどうするかでひじょうに困ることが多いという。講演を依頼したときに、相手に講演料のことをたずねるのだが、「いくらでもいいですよ。おまかせします」という答えがほとんどなので、この人にはこれぐらいが適当だろうと決める。すると、あとになって人を介して、「あの会社は、私に講演をさせておきながら、こんな安い講演料しか払わなかった。失礼な会社だ」などという話が伝わってきて、あわてたことも一度や二度ではないそうだ。

あとで「安い」と怒るくらいなら、最初から「私の講演料はこのくらいだ」とはっきりさせておけばよさそうなものだが、これはなかなかできないことだ。私自身も、講演を依頼されたとき、「講演料はおいくらですか」と自分の口から切り出すことは、どうしてもできない。

なぜ、こうしたお金の話がしにくいかというと、ひとつには自分が傷つくことを無意識に恐れているからである。自分の言った金額より、相手の考えていた金額のほうが安かったりすれば、自尊心が傷つけられ、ひどく恥ずかしい思いをすることになりかねない。そういう不安があるために、たとえ正当な報酬だと自分では考えていても、自分から報酬の金額を口にすることに、心理的にひじょうに強い抵抗感を感じるわけである。とくに日本では、お金のことをはっきり口にするのはいやしいという見方があるので、ますます口ごもってしまうことになる。

こうしたことで起こるトラブルを避けるために、作家や評論家の中には秘書を雇っている人も多い。秘書なら、お金の交渉も仕事のうちだし、何よりも第三者の立場なら、人のお金の話で自分が傷つくこともないので、「講演料はこれだけお願いします」と、金額もスムーズに口にできるのである。よく借金の催促などで、「田舎の両親が家を建てるので、早くお金を返してほしい」と、自分以外の第三者を口実に使うのも、そのほうが「自分がお金がほしいので」と言うよりも、心理的抵抗感がはるかに軽くなるからだ。

だから、最近一部の企業で、給料を決めるのにアメリカ式の自己申告システムを採用しているところがあるが、はたしてうまく定着するかどうか、私などは疑問に思っている。「自分の能力や実績はこのくらいだから、これくらいの給料はほしい」と自己申告するのは、アメリカとは社会通念がちがう日本では、プロ野球の世界以外、なかなかスムーズにはいきにくいのではないだろうか。

＊自分の口からは告げにくいお金の話は、第三者の口を通すとスムーズにいく。

9 相手とのあいだの人間関係が深くなるほど、当然の報酬を受け取るのに後ろめたさが生じる。

私は仕事がら、よく講演を依頼されることがあるが、講演料を受け取るかどうかで迷うことがしばしばある。以前、ある高校の記念祭で講演をしたときのことだが、講演後、制服を着た係の生徒が「どうもありがとうございました。講演料です」と、金一封を持ってやってきたことがある。もし、このとき先生や事務員が講演料を持ってきたら、あるいは私も受け取っていたかもしれないが、さすがにこのときは、受け取るのを辞退せざるをえなかった。

これは大学生相手でも同じだ。大学祭などの講演で、学生が謝礼を持ってきても、「まあ、キミたちで一杯やってくれよ」とそのお金を返してしまうことになりやすい。学生に何かしてやった場合、その学生からお礼をもらうのは社会人として抵抗があるが、ましてや私は大学教師なのだから、なおさらのことだ。

また、これはある引っ越し業者の人から聞いたのだが、彼は、仕事で人の引っ越しを手伝ったときは、相手から報酬を受け取ることに何の抵抗も感じないのに、こと親類や友人の引っ越しの手伝いとなると、とたんに受け取れなくなってしまうという。いくら相手が「取っておいてくれ」と頼んでも、素直に「はい、どうも」とは礼金に手を出すことができなくなるのだ。

これは、べつに本人が格好をつけているわけでもなんでもない。たとえ正当な報酬であっても、相手とのあいだの人間的な関係が深くなると、その報酬を受け取ることに、後ろめたさを感じる、という心理メカニズムが働くからである。つまり、友人関係や、学生と教師などのような人間対人間の関係は、相手のために何かしたら、その代償に金銭的報酬を受け取るといったドライなギブ・アンド・テイクの関係とはちがうという認識があるからこそ、報酬を受け取ることに強い心理的な抵抗感が起こるのだ。

たしかに、妻が夫のために何かしてくれたからといって、わざわざ妻にお金を払う夫もいないだろうし、またそれを期待する妻もいないはずだ。夫が妻に生活費をわたすのは、あくまで家庭の維持が目的であって、妻の家事労働への報酬ではない。もちろん、ここでは、子どもが家事を手伝ったら親がお小遣いをやるといった、親子関係のような場合は、話が別である。

もし、人間的な関係の中で、相手に素直に報酬を受け取ってもらおうとしたら、その仕事を取りしきる第三者を立てて、その第三者から謝礼をわたしてもらったり、銀行振り込みにするなど、非人格的なものを介在させて、ビジネスライクを演出することも必要だろう。

＊親しい人へのお礼は、お金より品物のほうが受け取ってもらいやすい。

10 お金に執着する人ほど、それを隠そうとしてかえって大盤ぶるまいをする。

先日、ある会合で小料理屋に行ったときのことだ。隣りの席は中年男の三人連れで、友人同士らしいのだが、その中の一人のおごりらしく、その人が始終お店の人を呼んでは料理やお酒の追加注文をする。その店は高級というほどではないが、大衆飲み屋にくらべれば、けっこう値段の高いお店である。テーブルの上にはまだ手もつけられていない小鉢やお銚子も並んでいるのに、その人は次から次へと注文を出す。それを見ていた私の連れが、「よほど太っ腹でお金もある人ですね」と、感心していたほどだ。

しかし、帰りどきに、その人がレジで精算しているところに出くわしたのだが、意外にこの人は、根はケチなのではないかと私は感じたのである。というのは、お釣りの十円玉の一枚が床に落ちたとき、大あわてで十円玉を追っかけていって拾ったからである。「いやあ、一円に笑うものは一円に泣くというからね」と、その人は仲間たちにテレ笑いをうかべて言っていたが、そのあわてぶりは、数万円の支払いを平気でする人にしては、ひじょうにチグハグな印象を受けるものだった。心理学者である私の目には、ふとしたはずみに、十円というわずかな金額にも執着する、その人のホンネの部分があらわれたように見えたのである。

社会的にあまり認められにくいような欲求や感情をもっていると、それを抑えて、まるで反対の社会的に認められた行動を、なるべく誇大にやろうとする心理が働く。これは「反動形成」と呼ばれるもので、一種の自己防衛機構である。性に強い関心をもっているハイミスが、ワイ談に露骨に顔をしかめたり、まま母が、心の中では憎いと思っているまま子を、逆に猫かわいがりしたりするのは、この反動形成の心理である。欲求のおもむくままに、性への関心をあからさまにしたり、憎いまま子をいじめたりすれば、社会的な反発をくう心配があるが、その反対にふるまっていれば、少なくとも悪く言われることはないというわけだ。

しかし、そうした欲求が強ければ強いほど、それを抑えつけるための社会的タテマエの行動は誇大になり、ギクシャクしたり、チグハグになってしまいがちだ。先ほどの大盤ふるまいにしても、その人の本心はお金への執着にあったと考えられる。しかし、そのことに気づかれまい、ケチだと思われまいとして、合理性を欠いた必要以上の行動に出たのである。家から一歩外へ出ると、太っ腹になって人の顔をみればおごりまくるのに、家に帰るとじつは大変なケチで、奥さんにも余分なお金は渡さないという人も、世の中にはけっこう多いのである。

＊ケチを軽蔑する人ほど、じつはケチであることが多い。

11

一千万円貯めようと思うより、まず百万円貯めようと考えたほうが、貯蓄に対する意欲がわきやすい。

ある雑誌で〝意外なお金持ち〟が紹介されていたことがある。ビルの清掃や、独身寮のまかないといった、失礼ながら世間的にはそう高給をとっているとは思われていない人たちが、一千万以上の貯金を貯めたという話なのだが、おもしろいことに、これらの人たち全員に共通することが一つあった。それは、最初から一千万円貯めようなどとは思っていなかったということだ。「百万円貯めよう」と貯金をはじめ、百万円貯まったら、「もう百万円貯めよう」という具合で、気がついたら一千万円以上のお金が貯まっていたというのである。「最初から一千万円貯めようなどと思っていたら、とても貯まらなかったでしょう」と中の一人が語っていたが、心理学的にいって、まさにそのとおりだと私は思う。

心理学で、目標達成のための動機づけの一つとして「サブゴールの設定」というものがある。これは何かを成し遂げようというとき、その目標が大きかったり遠かったりするほど、心理的に苦痛を感じ、達成意欲を失いやすいが、「まず、ここまでやればいい」「次はここまで」というように途中に下位目標、すなわちサブゴールを設定すると、心理的苦痛も軽減され、意欲もわきやすいというものである。

たとえば私なども、本の執筆を依頼されたとき、二百字づめ原稿用紙で四、五百枚から、ときには千枚近く原稿を書かなければならないと思うと、その量の多さにおじけづいて、とても自分には書けないのではないだろうか、と不安になることがある。しかし、そんな状態でいると、いつまでたっても筆をとるのがおっくうで、結局、〆切りが近くなってから大あわてすることになるということがわかっているので、こんなとき私は、一日に十枚ずつ原稿を書く、というような課題を自分に与えることにしている。一日に十枚書けばいいと思うと、とたんに気がラクになって筆も進むようになる。こうして毎日、すこしずつ書いていくと、二ヵ月か三ヵ月で一冊分が書きあがる。これも、サブゴールの心理的効果を応用したものであることは言うまでもない。

貯金などの場合も、これとまったく同じことがいえるわけだ。一千万円貯めようと、大きな目標を立てて自分を奮いおこすのも、最初のうちはいいかもしれない。しかし、生活を切りつめ、一円でも多く貯金にまわすようにしても、一千万円の目標額にはなかなか近づけないので、そのうち貯蓄意欲を失ってしまい、お金を貯めるなどどうでもいいということになりがちである。また、一千万円貯めるのは自分には無理だと最初からあきらめてしまう人も多いにちがいない。

＊一千万円貯めるには、まず百万円を目標にスタートする。

12 粘着質の人は、コツコツお金を貯めるが、お金を使う楽しみを知らないことも多い。

金儲けの神様といわれる邱永漢氏は、その著書『お金が貯まる人はここがちがう』（ゴマブックス）で、たとえば十三万五千円しか給料をもらっていない新入社員は、給料が二十万、三十万円になったら、お金も貯まるだろうと思うかもしれないが、じつはそうではない、という意味のことを言っている。お金が貯まる貯まらないは、収入の大きさに関係がなく、貯めようという意欲があるかどうかで決まるというわけだが、もうひとつ、性格という要素も見逃せないと私は考えている。つまり、性格によって、お金を残すタイプと残さないタイプがあるのだ。

まず、お金を残すタイプとしては、粘着質（てんかん質）と神経質があげられる。粘着質とは、一つのことに熱中したり執着しやすく、保守的・道徳的な面が強いが、この粘着質は、ケチの代名詞といってもいいくらい、お金に几帳面である。「いま、財布の中にいくらはいっていますか」と聞かれたら、おそらく一円単位まで正確に答えられるだろう。こういう人は粘り強いので、月々わずかな額でも、給料天引き貯金を何十年もつづけるというように、コツコツと貯めてお金を残すことが多い。また、浪費をしないので、お金が貯まっても、それを使おうとしない。

よく、貧しい一人暮らしの老人が死んだあと、大金のはいった預金通帳が発見されて周囲が驚く、ということがあるが、こうしたお金の残し方をする人には粘着質タイプが多いようだ。

また、神経質な人は、つねに将来を悲観的にとらえる傾向かある。「もし、万一のことが起こったらどうしよう」と、先のことをクヨクヨ考えるわけだが、こうした人は「万一のことに備えて」せっせと貯金をするのである。

逆に、お金が残らないタイプには、ヒステリー性格と躁うつ質があげられよう。ヒステリー性格は、虚栄心が強く、自分を実際以上に大きく見せようとする傾向が強い。ギャンブルが好きで浪費癖もある。欲求不満があると、あと先も考えずに大金を使ってしまうのも、ヒステリー性格の人に多い。また、こういう人は、大金が転がりこむ夢はみても、着実にお金を貯めることを嫌いがちだ。ただ、派手にお金を使うだけに、不思議にお金がついてまわることがある。これに対して躁うつ質の人は、何かあると「よっしゃ、おれがおごろう」などと親分肌のところがあり、「どうにかなるさ」と先のことはあまり気にしないので、やはりお金は残りにくいのである。

こうしたことは、かならずしもすべての人にあてはまるとは限らないが、自分のお金の貯め方を考えるときの参考になろう。

＊躁うつ質の人からお金を引き出すには、相手に頼っているふりをする。

13 だれでも高額のお金を出すときは、自分の判断より人の判断に頼ろうとする。

私は気が小さいというか慎重というか、大きな買い物をするときは、あれこれ考えたり調べたりするので、即断即決ということはまずしない。そのために、好条件の話を逃してしまったこともある。そんな私が、以前、よくよく検討もせずにポンと数百万円の大金を出したことがある。

それは、ある大物経営者から〝将来有望〟なゴルフ場の会員権購入をすすめられたときのことである。そのゴルフ場は、これから建設されるものだが、大手企業かバックについているので絶対に安心できるというのだ。ふだんの私なら、建設予定地をちょっと調べてみるとか、その会社がどういう組織になっているかを調べたりするところだが、このときはパンフレットをチラリと見ただけで買ってしまった。その後、そのゴルフ場は、用地買収が思うようにいかず、モタモタしているうちにバックの大企業にも手を引かれてしまい、何年たってもいっこうに建設されそうな気配はなく、会員権も紙切れ同然になってしまっている。

他人のせいにするわけではないが、あのとき、もし大物経営者にすすめられていなかったら、私はそのゴルフ場は買わなかったろう。ろくろく検討しなかった私も悪いのだが、こうした大金を出す場合、一般に人は、自分の判断よりも他人の判断に動かされやすい。とくに自分が信頼する人の言葉なら、無条件で従ってしまう傾向が強いのだ。

というのも、高価なものを買ったりするときは、だれでも「失敗はしないか」「だまされないか」と不安になる。この不安を解消するためにも、「自分が決めたのではなく、人にすすめられたのだ」ということにすがろうとするのである。一流ブランドなら安心だと思うのも、社会という自分以外の人が一流だと認めた、その判断にすがろうとするからだし、テレビで有名人がすすめるものを買おうとするのも、その有名人の〝お墨つき〟があるからである。

広告なども、人間のこうした心理に訴えている面がある。たとえば、ちょっと以前のことになるが、日本では二流ブランドと思われていたカメラを買った女性がいた。その女性がヨーロッパへ行ったとき、ヨーロッパの都市のあちこちで、そのカメラの広告を見かけたのである。日本に帰ってきた彼女は、友人たちに「このカメラは日本ではあまり有名ではないけれど、ヨーロッパでは一流品とされているのよ」と自慢してまわった。この女性の場合も、二流ブランドのカメラを買ったことで感じていたコンプレックスや不安を、広告によって解消したわけで、先に彼女が広告を見ていたら、むしろ堂々と、そのカメラを買っていたにちがいない。

＊人に高価なものを買わせるには、「○○さんも使っています」と有名人の名をあげるのも一法。

14 大金を使うまえの忠告は素直に受け入れやすいが、使ったあとの忠告は反発を感じるだけである。

クルマや毛皮のコートなど、高価なものを買おうとするとき、人はだれでも慎重になり、他者の判断や意見をあおごうとするものだ。たとえばクルマを買うとき、「ファミリアとシビックだと、どっちがいいかなあ」などと、周囲の人の意見を聞いたり、毛皮を買うのでも、身近な人に同行してもらって「似合うかしら?」と、見立ててもらう。そして、「ちょっとあなたには派手すぎるんじゃない?」などと言われれば「そうね、これはやめておきましょう」と、人の意見を素直に受け入れる。

大金を使うという意志決定を下すまえには、誰でも強い不安を感じる。前項でもお話ししたように、失敗しないだろうか、損をしないだろうかという不安だが、その不安は、当然のことながら金額が高くなればなるほど大きくなる。

ある会社社長は、何かの事業を始める前には、かならずわざわざ名古屋の占い師のところまでいって、吉凶を占ってもらうそうだ。この社長にかぎらず、一流企業の経営者には、何か意志決定するまえにかならず占ってもらうという人が意外に多い。といっても、彼らは、占い師に右か左かを教えてもらうことを期待しているわけではない。すでに胸のうちでは結論は決まっているのである。ただ経営者の意志決定は、ときに会社の命運を左右するので、それだけプレッシャーも強い。そこで、自分の意志決定の正当性を確認するために占ってもらうわけである。

このように、大きな意志決定をするまえは、大企業の社長といえど不安になり、人の意見に耳を傾ける心理になるのだが、いったん意志を決定してしまうと、その態度はまるで逆になる。すでに買ってしまった品物に対して、「ちょっとあなたには派手すぎるんじゃない？」などと感想を述べようものなら、相手を怒らせるだけだろう。

人は、大金を投じて買ったものには、意志決定の過程で、その自我を深くかかわらせている。その品物は、いわばその人の分身でもある。すなわち、その品物を批判されるということは、自我を批判されるということにほかならない。しかも、心理の奥底には、その品物を買う前と同様に、「ひょっとして自分は、たいへんバカなことをしたのではないか」という不安や迷いが、いまだに打ち消しがたくうごめいている。そんなところへ、批判的な意見を聞かされると、自分の無能さを指摘されたように感じてひじょうに不快になり、その不快感は、批判的な意見を述べる相手への反発にすり変わっていくのである。

＊相手の高価な持ち物には、たとえ求められても論評はしない。

15

自分の贅沢《ぜいたく》に後ろめたさを感じた人は、他人に贅沢の一部を分けることで心の安定を得ようとする。

テレビのホームドラマを見ていたら、こんな場面があった。デパートにワンピースを買いに出かけた若い主婦が、当初の予算は三万円くらいだったのに、つい八万円もするワンピースを買ってしまう。買ってからちょっぴり後悔をはじめた彼女は、地下の食品売り場で百グラム千円以上もするステーキ用の肉を買い求める。そして、その日の夕食のとき、「やっぱり高い肉はちがうね」と喜ぶ夫に、後ろめたい気持ちを隠して、彼女は「たまには贅沢もいいものね」とニッコリほほえみかけるのである。

女性心理の一端がうかがえてなかなか興味深いシーンだったが、この主婦に限らず、人はだれでも、自分にはふさわしくない贅沢をすると、後ろめたさをおぼえる。そこで、この後ろめたさを解消して心のバランスを取りもどそうとするわけだが、そのための一つの方法が、この主婦のように、自分以外の人に贅沢を分配することなのである。

この主婦の場合は、後ろめたさを感じる相手として、夫という直接的な対象がいたわけだが、このように、だれに対してという対象がはっきりしていなくても、人は贅沢をすると、なぜか後ろめたい気になる。私の知人のお父さんは、三十年近くまえ宝くじで百万円をあてた。当時の百万円といえば、家が一軒建つくらいの大金だから、借家住まいだった家族は、このお金で土地を買えると喜んだのだが、当のお父さんは「うちだけが贅沢をするわけにはいかない」と、百万円のほとんどを親戚に配ってしまったという。

日本人が海外旅行に行くと、お土産を買うのに少なからぬお金と時間とエネルギーを注ぎ込み、やたらに買い込んできては近所の人や親戚に配ったりするのも、海外旅行を自慢したいというより、自分だけ贅沢な旅行をしてきたことに対する後ろめたさがあるからだろう。

また、私の友人のある経営者は、「今の日本の繁栄は異常だ。私をふくめて日本人は贅沢をしすぎている」とつねづね口にしているが、彼は街頭で共同募金などを見かけると、かならず何がしかのお金を募金するという。これも、豊かさへの後ろめたさから、お金を投じずにはいられなくなるのだろう。

もちろん、私は人の善意を否定するつもりはないが、意地の悪い見方をすれば、自分の贅沢に後ろめたさを感じている人にとって、この種の募金はまことに好都合なものといえよう。全財産をはたかなくても、わずかなポケットマネーで、自分の後ろめたさを解消できるからである。

＊たとえ出張でも、海外旅行でお土産を買ってこないと周囲の人から反発を受けやすい。

16

浪費して後悔の念がおこると、人は反省するより、自分の浪費を正当化しようとする。

日本電信電話会社が行なった「電話料金に関する意識調査」というものがある。その調査をみると、長電話についての女性の考え方がよく出ていて大変におもしろい。一般に主婦をはじめとする女性の電話は、長話になることが多いようだ。三十分や一時間はざら、なかには二時間というケースもある。これでは電話料金だってバカにならない。ふだんバーゲンといっては目の色を変え、きびしい家計をやりくりしているのに、なぜこうした長電話にだけは、歯止めがきかないのだろうか。

この調査によれば、長電話好きの主婦の多くは、つぎのように考えているということだ。たしかに長電話にはお金がかかる。無駄話しかしていないのだから、浪費だといわれればそうかもしれない。でも世の亭主族のお酒代やタバコ代にくらべれば、多少の長電話くらいはいくらでもない。亭主族がお酒でストレスの発散をするように、友人との長電話で私たちも気持ちが晴れるのだから、それくらいの浪費は認められたっていいはずではないか。

これから見ると、彼女らは長電話は浪費であると認めながらも、それを反省してこれから先は改めようと考えているわけではなさそうである。

人間は、明らかに自分の側に非がある場合でも、後悔したり反省したりするより先に、まず自分の立場を正当化しようとして、言い訳をしたり、他人を攻撃したりするものだ。まともにその非を背負いこんでしまうと、精神的な苦痛が大きい。そこで、無意識のうちに、自分の行動を合理化できるもっともらしい理屈を捜し出して、後悔の念や不安の念から逃れ出ようとする。夫の酒代をやり玉にあげることで、主婦は自分の長電話を正当化しようとするわけだ。

一方、世の亭主族はどうか。仕事のつき合いだ、部下の慰労だと、やむをえずお酒を飲んでいるように妻には言うが、その実、自分がお酒を飲みたくて、仕事にかこつけて飲んでいる人もけっこう多い。飲んだあと、また浪費をしてしまったと、多少の後悔はしても、世の中の男というものは、みんなこうやって酒を飲んでいるものだ、仕事がらみのつき合いだから、この出費も仕方がないと、これまた、自分の浪費を正当化してしまう。家に帰れば妻に、俺は仕事で飲んできたんだ、何か文句があるかと、ことさら強い態度に出たりする。こうしていつまでも浪費を反省せずに、自分を正当化し続けているものだから、世の女房族の長電話はとめどもなく、亭主族の飲み屋通いも終わらないというわけだ。

＊浪費をやめさせるには、相手を責めるより、代わりの楽しみを提示してやる。

17 好きなだけお金を使っていいと言われると、人はかえってお金の使い方に細かくなる。

以前、永谷園のブラブラ社員制度が話題になったことがある。これは、二年間、会社の仕事は何もしなくていいから、新商品のアイデアを見つけてこいというもので、そのためには、外国旅行に行こうが何をしようが、とにかくいくらお金を使ってもいい、というのである。この話を聞いて、うらやましいと思ったサラリーマンはけっして少なくなかったはずだ。

しかし、実際はどうだったかというと、ブラブラ社員が感じたプレッシャーは相当なものだったらしい。当初は、来なくていいといわれた会社に、毎朝きちんと出社してくる人もいたそうだし、好きなだけ使っていいといわれたお金も、それほどの金額にはならなかったようだ。

このように、人は、なんでも自由にやっていいと言われると、ひじょうに不安になり、かえって自分で自分の行動を規制するようになる。逆に、人から「こうしろ、ああしろ」「これをしてはいけない、あれをしてはいけない」などと規制されると、反発を感じやすく、そのためにわざとその規制を破ろうとすることもある。

たとえば、母親から「うちの子は、いくら勉強をしろと言っても、すこしもしなくて」という教育相談を受けることがよくあるが、こういうとき私は、「勉強しろと言うのをいっさいやめて、勉強をするしないは子どもにまかせたらどうか」とアドバイスすることにしている。勉強しろと言われるから、子どもは反発して勉強しようとしなくなるのであって、放っておかれると、そのうち不安になって自分から勉強を始めるケースがじつに多いのである。こうした心理はお金の場合も同じで、人はふだん自分が自由に使える金額のワクが種々の事情で制約されているからこそ、「自由にお金が使えたらいいか」と夢想するのだが、いざ「好きなだけ使っていい」となると、かえって自由に使えなくなるのである。

こうした人間心理を逆手にとって、妻の浪費をストップさせた男がいる。結婚した当初、彼は給料の中から家計に必要な分だけ妻にわたすようにしていた。しかし、もともとお嬢さん育ちの妻は、つい高いものを買ったりして、毎月のように赤字を出していた。そこで一計を案じた彼は給料のすべてを妻にわたし、その管理をいっさい妻にまかせてみたのである。はじめは妻もとまどいを感じていたようだが、家計の責任がすべて自分にかかってきたという自覚から、ムダなものは買わないようになり、やりくりを工夫して、彼が給料を管理していたころより、たくさんの貯金を毎月するようになったのである。

＊浪費癖のある人には、お金の管理をすべてまかせるというショック療法も意外に効果がある。

18 お金の使い方をほめられると、だれでも、自分の全人格がほめられたようにうれしく感じる。

俳優の岸部シローさんは、ケチケチ精神で若くして億をこえる資産をつくりあげたことで知られ、お金の貯め方の本まで何冊か書いている。彼の場合、芸能界というハデな世界にいながら、食事はラーメン、人におごられることはあっても、おごることはけっしてしないなどケチケチ生活に徹したそうだ。これはなかなかふつうの人には真似られることではないが、その彼にしても「あいつはケチだ」と言われることは、なかなかつらいことだったようだ。

ふつう、だれでも人から「ケチだ」「お金にきたない」などと言われるのをひじょうに恐れ、そのために、不必要な見栄をはってお金を使ってしまいやすいものだ。お金が貯まるかどうかの差は、「ケチ」と言われるのに耐えられるかどうかの差にあるといってもいいかもしれないが、大多数の人にとっては、「ケチ」と言われて受ける心理的苦痛は耐えにくいものであり、そのため、お金が貯まらないと嘆くことになるわけだ。

このように、人は、自分のお金の使い方を批判されると耐えがたく感じ、逆に、「あの人はお金にきれいだ」とか「お金の使い方を心得ている」などと、お金の使い方をほめられると、ひじょうにうれしく感じることがある。自分のお金なら、どう使おうとその人の勝手のはずだが、その使い方に対する他人の評価をひじょうに気にするのが、人間心理のつねなのである。

なぜ、このように他人の評価が気になるかというと、ひとつには、お金の使い方や貯め方は、その人の判断や責任によるところか大きいからである。つまり、遺伝のせいだとか、人にすすめられてそうしたなどの責任転嫁ができないから、批判もそれだけこたえるわけだ。

また、お金というものは人間の欲望と直結しているだけに、お金についてあれこれ言われると自分の欲望についてあれこれ言われているように感じやすい。しかも、こうした欲望の中には、社会生活をおくるうえで隠しておきたいものもあるのだが、そういう隠したい欲望まであらわにされたようで、自我が深く傷ついてしまうわけである。

それだけに、自分のお金の使い方がほめられたようなときは、人はおおいに自我がくすぐられ、自分の全人格がほめられたかのように気をよくするのである。人はおだてに弱いということは、どなたも経験のあるところだろう。お世辞だとわかっていても、ついにんまりしてしまいやすいが、この心理的な弱点を、お金の使い方という面から攻められると、とくに弱い。ふだんはケチな人でも、「さすが気前がいい」などと言われると、ついおごる気になってしまうのだ。

＊他人がお金を使ったときに、「使い方がうまい」とほめると、お世辞の効果は高まる。

19

自分の優位性が認められて満足した人は、金銭的損失にはそれほどこだわらなくなる。

町内会でお祭りなどの寄付を求められると、いくら出そうかとあれこれ迷う人が多い。こうした場では、いくら出すか、出させるかをめぐって心理的な駆け引きが展開され、「お金の心理術」を知るうえで興味深い材料をいろいろと提供してくれる。

こうした場合、自分から「いくら出します」と切り出す人はきわめて少ない。「ほかのお宅ではいくらぐらい出しているのですか」とたずねる場合がほとんどである。このように、「他の家はいくらか」と聞く裏には、二つの心理的意味が隠されている。

まずひとつは、他の家と同じにしておけば無難だというものである。金額が多すぎても少なすぎても、「見栄をはって」とか「意外にケチだ」などと後ろ指をさされるのではないかという不安があるから、〝標準額〟をたずねるわけである。そのため、こうした寄付を募るときは、トップバッターになることをいやがる人が多い。トップの人が出した金額が〝標準額〟になることがあるので、そのプレッシャーを避けたいがためである。

これに対して、もうひとつ、人に負けたくないという意識から「他の家はいくらか」と聞く場合がある。「あそこの家がそれだけ出すなら、自分はもっと出そう」というわけである。寄付を集める側としては、こういうタイプはまことにありかたい存在だ。寄付の奉賀帳のはじめのほうには、きまって高額の寄付者の名まえと金額がのっているが、これは、こうした人たちの競争心をあおって、すこしでも多くの金を出させるための巧妙な心理作戦といえなくもない。

だから、町内会での寄付の金額は、かならずしもその家の収入の額には比例しない。高額の所得があっても、つきあいのために人並み程度にしか出さない家もあれば、それほどお金に余裕がないのに、高額寄付者に名をつらねる人もいる。こうした人たちは、他人より多く寄付をすることで、自分の優位性を確認することができるなら、金銭的な出費にはあまりこだわらないわけである。

こうした心理は、けっして特別なものでなく、場が変われば、だれでも体験するものであることは言うまでもない。

たとえば、買い物に行ってすこしでも値引きさせようと考えていたところ、店員から「こちらの品をお選びになるとは、さすがにお目が高い」などと言われると、つい「まけてくれ」とは言いにくくなる。これも、自分の優位性が相手から指摘されたからである。

＊寄付を集めるときは、寄付額が多い人ほど目立つように貼り出すと集まりがよくなる。

20 人は、自分の尊敬している人物にお金の使い方まで似てくることがある。

吉本晴彦氏といえば、独自のケチ哲学で有名で、宴会などで料理を食べ残すと、かならず折りづめにして持って帰るなど、ケチのエピソードにはこと欠かない。ただ、吉本氏はたんなるケチではなく、そうしてふやした資産で大阪駅前にりっぱなビルを建設するなど、お金の使い方も十分に心得ている。

その吉本氏について、ある雑誌で紹介されていたのだが、息子さんは彼に輪をかけたケチで、電灯のつけっぱなしなどのムダを、吉本氏はいつも息子さんから叱られているという。この話を聞いて、吉本家では親子関係がじつにうまくいっているなと、私はほほえましく感じたものである。息子さんは、父親のことを尊敬しているにちがいない。

というのは、人は、自分の尊敬している人物の行動や考え方のパターンを、無意識のうちに模倣しようとする心理傾向があるからである。これを心理学では「同一視」というが、この同一視によって、人間は自分を成長させていくといってもいいだろう。

たとえば子どものころは、親の行動や言葉づかいを模倣し、取り入れることで、言葉をおぼえたり、社会生活をおくるうえでのマナーやルールを身につけていく。そして、親の支配下を離れようとする思春期をすぎるころから、先生や先輩、スポーツのヒーローや小説の主人公など、自分が尊敬している人の行動や思考のパターンからちょっとした癖まで、そっくり真似をすることで、自分を尊敬する大物にすこしでも近づけようとする。もちろん、こうした尊敬する大物の中に、自分の親がはいっていることもあるわけで、そうした場合は吉本家の親子のように、〝似た者親子〟になる。

私の高校時代の友人に、カタ物で通っていた男がいた。クラシック音楽が好きで、クラシック以外は音楽と認めず、読書も哲学書のようなカタい本しか読まなかった。その男が大学にはいってからみるみる変わり、ジャズについて熱っぽく語ったり、麻雀やパチンコなどもするようになったと聞いて、昔の彼を知る仲間たちが驚いたことがある。以前の彼なら、そうした遊びにお金を使うことなど、まず考えられなかったからである。

これは大学ではいった音楽関係のクラブで、該博《がいはく》な音楽知識をもつ一人の先輩に出会い、すっかり彼を尊敬したためらしかった。そのため彼は、音楽についての自分の考え方をガラッと変え金銭感覚さえ変わってしまい、私たちを驚かせたのであった。

＊お金を貯める早道は、尊敬できる人の蓄財方法をまねることである。

21 親が教育費に金を惜しまないのは、子どもに対して一種の負い目を感じているからである。

世の親にとって子どもの教育費は、まことに頭痛の種である。小さなころから塾や習いごとには通わせなければならないし、高校、大学ともなると、入学金や授業料もバカにならない。子どもが大きくなればなるほど、教育費は家計を圧迫するようになる。しかし子どものためには、自分たちの生活を犠牲にしても教育費だけは別枠扱いをする親が圧倒的に多い。では、なぜ教育費だけが別枠なのだろうか。

日経流通新聞で行なった興味深い調査がある。塾や家庭教師など、学校以外の場における教育の効果について、多くの母親にアンケートを出して答えてもらったものだが、小学生などのまだ小さな子を持つ母親には、そうした教育は将来かならず見返りがあると答えている人が多い。ところが、これが中学生の子どもを持つ母親になると、見返りがあると答える人の割合が減り、学校以外の教育の効果はわからないけれど、通わないより通っていたほうが安心だと答える人が増えてくる。さらに子どもが大きくなって、高校生を子どもにもつ母親になると、かならず見返りがあるという意見は影をひそめて、効果は期待できないが、通わせるより仕方がないと答える人が目立ってくる。子どもが大きくなるにしたがって、わが子の実力のほどがはっきりしてきて、親の欲目もしだいに薄れてくるのが手にとるようにうかがえる。そして、ほとんど見返りは期待できないとわかってはいても、涙ぐましい親バカぶりで、相変わらず教育費に別枠を使っている現状が浮かび上がってくる。

見返りが期待できないと感じていながら、それでも教育費をかけるという親の心理には、子どもに対するある種の負い目が潜んでいる。お隣りでは、小さなころから子どもを塾に通わせている。わが子が大きくなったとき、親が塾通いもさせてくれなかったとは思わせたくないから、せめて人並みに塾ぐらいには行かせてやりたい。だれそれのうちでは、大学受験のために優秀な家庭教師をつけたそうだ。うちの子はそんなにいい大学にはいれないだろうが、せめて大学ぐらいは出させてやりたい。子どもに対して十分なことをしてやれないと、わが子にすまないという親の負い目が、わが身を削るような教育費の捻出《ねんしゅつ》を生むのである。子どもが中学生以上にもなると、多くの家庭で、子どもの教育費のほうが、父親の交際費より優先されるそうだ。

しかし、こうした子どもに対する負い目は、裏を返せば、自分をよく見せたい親のエゴともいえる。娘の結婚式に、華美な衣装を着せたがるのも同様だ。

＊ゲーム用のコンピュータでも、それが教育に役立つといえば、親に買わせることができる。

22

自分の自我が関与しない金は、どんなムダな使い方をしても、人は平然としていられる。

国鉄の経営再建が論議されて久しいが、いまだに国鉄の赤字は解消するメドが立たないようだ。それにくらべて大手私鉄の経営状態は、絶好調とはいえないまでも、はるかに良好だ。この違いは、経営の問題や合理化など、さまざまな要因からくるのだろうと思うが、私はひとつには、そこで働く職員の意識の違いにも原因があると思う。

私鉄の場合は、会社にとって利益になる実績を上げれば、それなりに利益が職員のところに返ってくる。すなわち、会社の損は自分の損であるという意識が働いて、会社が損をしないために、職員は自主的にムダをはぶいたり、節約をしたりする。ところが、国鉄で働いている職員は、いくら働いて利益を上げたところで、その利益が直接自分の給与にはね返ってくるわけではない。国鉄が損をしたところで、自分には関係ないという意識がどうしても生じやすいのである。赤字の出る出ないには、この違いが大きい。

このように、人は、自分の自我が関与しない金は、どんなムダ遣いをしても平然としていられるという心理的な傾向を持っている。自分のふところに直接ひびかないお金なら、赤字を出そうが出すまいが、「自分の知ったことではない」となってしまうわけだ。これでは、いくら国鉄が経費節減を叫んでもあまり効果はあるまい。

ある国立大学の話だが、その大学は地方都市の一等地にかなりの土地を所有していた。日本列島改造ブームで、地価が全国的に急騰していたころ、この土地を売却する話が出た。周囲の人間は、かなりの高額で売れるだろうと予想していたのだが、担当の役人は、その土地をいともあっさりと、安い価格で売ってしまった。

これは、いくら土地を高く売ろうが、逆に安く売って損しようと、担当者には関係がないからである。いくらの値段で売ろうが自分のふところには直接響かないのだから、一円でも高く売ってやろうという発想が出てこないのは当然だろう。

人は、自分の金や会社の金のように、自分の支配下にあり、かつ勢力のおよぶ金、つまり自我が関与してくる金には、その運用や利殖など使い方にもいろいろと気をつかう。しかし、自分の自我が関与しないお金となると、とたんに無関心、冷淡になってしまう。たとえば、行革なども掛け声はかしましいが、はたして成功するかどうか疑わしい。いくら国が赤字財政に悩んでいても、当のお役人にとっては、そんな赤字も自分とは直接のかかわりがないからである。

＊人に節約させたかったら、節約による見返りを約束する。

❷ 貸す・借りるの心理術

なぜ、お金の貸し借りで人間関係が悪くなるのか

23 厚意からお金を貸すと、自分の劣位を打ち消そうとする相手から反発されることが多い。

私の知人が、大学時代からの親友に金を貸したときの話である。その友人が、脱サラで喫茶店を始めようとした際、開店資金が、どうしても百万円ほど不足して頭をかかえていた。そこで私の知人が友情から百万円を無利子、無期限で貸してやったのだが、二人の友情がどこかぎくしゃくしたものになったのは、そのお金を貸してからすぐのことだ。それまで、遠慮なく言いたいことを言い合う仲だったのに、借金以後の脱サラ氏は、妙によそよそしくなり、食ってかかるようになったというのだ。「感謝されこそすれ、敵意を抱かれるおぼえはない」とその知人はぼやいていた。

「金を貸せば金と友人とを失う」とはシェークスピアの名言だが、この場合、借りた側が貸した相手に敵意を抱くということは、人間心理のメカニズムのうえから十分に理解できる。人からお金を借りるという行為は、心理学的にいうと人の劣位に立つということだ。一度劣位に立たされた人間は、この劣位を何らかの形ではね返そうと無意識の欲求を抱く。とくに、それまでは対等か自分のほうが優位に立っていた相手に対しては、こうした欲求も強くなる。そのため、相手のなんでもない言葉に反発したり、相手のささいな非を拡大解釈し、相手の人格をおとしめることによって自己の劣等感をいやそうとしたりするのである。

これは個人対個人の場合だけではない。第二次大戦後、アメリカはマーシャルプランにもとづいて、世界各国にかなりの援助資金をバラまいたか、その結果、アメリカは各国から感謝されるどころか反発をくらった。また、最近の日本も、東南アジア各国に経済援助をすればするほど、相手国の民衆の反発を受けている。これも、国として劣位に立たされたという反発によるもので、援助を感謝されるどころか、逆に、「出した額が少ないじゃないか」という非難の大合唱にもなる。

ただでものを上げるということは、相手を徹底的な劣位に立たせ、いってみれば、自分がものごいになったような気にさせてしまうということだ。だれでもそんなみじめな気分にはなりたくない。相手にお金を貸すときは、相手を落としめないような配慮が必要だろう。たとえば、ビジネスライクに返済の時期や利子をはっきりさせておけば、相手もほどこしを受けているのではないと感じ、それだけ心理的にも救われる。友人間の金の貸し借りでもめる場合は、無利子、無担保というように、厚意で貸す場合に起こるケースがほとんどなのである。

＊人に金を貸すときは、ビジネスライクにしたほうが人間関係にヒビがはいりにくい。

24 金を貸すことで相手より優位に立つと、人は、逆に相手に負い目を感じやすい。

私の知人のＯＬは友人からのたっての頼みで、五十万円のお金を貸してあげた。返済期限も、利子も、いっさい取り決めをしなかったそうだ。もちろん善意からである。しかし、気の弱い彼女は、いつまでたっても「お金を返してください」と催促することができない。相手の気を悪くするのではないかと、そればかりが心配になり、どうしても言えないのだそうだ。そして、最後には相手に負い目を感じるようにさえなってしまい、顔を合わせることを恐れるあまり、行きつけの店にも行けなくなってしまったという。

借りた側でなく、貸した側が負い目を感じるとは、考えてみればワリにあわないおかしな話だが、世間では、これに似たケースが意外に多いのではないだろうか。

お金の貸し借りをすると、それまで対等だった人間関係でも、優位・劣位という関係が生じる。お金を借りて劣位に立った者は、劣位に立たされたというコンプレックスから、貸した優位の側の人間のちょっとした言動にも敏感になり、なんでもないことで傷ついてしまったりしやすい。

人は、こうした感情を体験的に知っているからこそ、とくに相手と近しい場合は、貸した側は、借りた人間に対して、あれこれと気をつかうことにもなるのである。これは、お金を貸し借りしたときの人間関係は、それまで近しい間柄であったときほどむずかしいということでもある。

同じ貸し借りでも、本やモノなら、こうした心理的わずらわしさはないのだが、ことお金となると、いっきょに心理的にもつれてしまうのは、やはりお金というものが自我の中核に深くかかわっているものだからであろう。人から何万円もする本を借りても、いっこうにプライドは傷つかないが、お金を借りるとなると、プライドは深く傷つくのである。

こうしためんどうなお金の話をするには、相手への個人的な感情などをいっさい抜きにしたほうがうまくいくことが多い。かのキンゼイレポートでは、その調査のとき、質問者は余計な感情をまじえず、きわめてビジネスライクに話すようにと注意を受けたという。たとえば「セックスは週に何回」「オーガズムは感じるか」などと質問するとき、質問者が妙にテレたり、ニヤニヤしていたりすれば、解答者も答えにくくなってしまう。しかし、答えにくい性の質問も、質問者がてきぱきとビジネスライクに話をすすめることで抵抗感がうすれ、多くの人がホンネを語ってくれたのだ。

お金の話の場合も、このくらいの配慮は必要というわけである。

＊金の貸し借りでは、個人的感情抜きで話をすすめたほうが、お互いに無用の気づかいをしなくてすむ。

25 ネーミングがちょっと変わるだけでも、金を借りることへの抵抗感はぐっと薄れる。

クレジットを利用する若い人が激増している。ひと昔まえの「月賦」という言葉には、なんとなく暗くてみじめったらしいイメージがつきまとっていたが、今の若者のクレジットに対する感覚にはそのようなものはないらしい。「このステレオは月賦で買ったというとみじめな感じがするが、クレジットで買ったというと、むしろリッチでかっこいい感じがする」という若い女性までいるほどだ。

私に言わせてもらえば、月賦もクレジットもその実態は同じもので、クレジットという言葉をうまく定着させた企業戦略に、若者たちがまんまとのせられただけの話なのだが、このように、たんにネーミングを変えるという単純なことでも、人の意識は変わりやすいのである。月賦にしろクレジットにしろ、しょせんは人から金を借りているわけで、そこには金を借りるという負い目やひけ目があるのがふつうなのだが、クレジットという言葉は、そうした借金への負い目までみごとに吹き飛ばしてしまったわけだ。

こうした〝言葉の魔力〟は、古いイメージを一新させたいときによく用いられる。たとえば、有名な例をあげれば、東通工では、いかにもどこにでもある中小企業のイメージだが、これがソニーとなると、いかにもさわやかで、新しい会社という印象を与える。こうしたイメージ戦略では、言葉の意味よりも語感がたいせつにされることが多い。そのため、全国各地にロンロンだのアブアブといった名のショッピングビルが誕生している。

その点、同じ金の貸し借りにまつわることでも、質屋の低調ぶりは、やはりその名称にも一因があると考えられるのである。質屋は、かつては庶民金融の王座を占めていたわけだが、だからこそ質屋という言葉には、こっそりと人目を避けてはいるという後ろめたいイメージが強くまとわりついている。もし、この質屋に、現代人にアピールするネーミングを与えていたら、人びとの質屋に対する意識も変わり、大いに繁盛していたかもしれないのである。

これに対して、かのサラリーマン金融は、マスコミでさんざんその商法をたたかれ、警告されているにもかかわらず、利用者はあとを絶たないが、これも、ひとつにはネーミングの妙にあるといえるだろう。これがもし勤労者用高利貸しなどという名称だったら、利用者ももうすこし警戒するはずだ。サラ金という、いかにも軽い言葉が、利用者の抵抗をぐっとやわらげていることはたしかである。

＊古くさいイメージのあるものは、名称をカタカナに変えるだけでも新しさが出る。

26

目先の小さなプライドが満足させられると、大きな損得勘定は働かなくなる。

「朝三暮四」という中国の故事がある。これは、サルに木の実を与えるのに、「朝三つ、夕方四つあげよう」と言ったところ、サルが怒ったので、「それでは朝四つ、夕方三つにしよう」と持ちかけたら、サルは大満足したという話である。つまり、トータルとしては変わらないのに、目先多くもらえれば、それだけでトクをしたように感じるサルの浅ハカさを笑っているわけだが、人間の場合も、このサルと同じようなことをしていることが多い。

たとえば、サラ金にお金を借りにいくと、窓口嬢がにこやかに迎えてくれ、「お客さまなら、二十万円まで融資ワクが取れますが、いかがでしょう」と持ちかける。そうすると、十万円を借りるつもりで出かけていった人も、ワクいっぱいの二十万円を借りてしまいやすいそうだ。

これは、「自分なら二十万円まで借りられる」と言われると、プライドがおおいにくすぐられ、「十万円だけでいい」と断わりにくくなるからである。返すことを考えれば、二十万借りるより十万だけ借りたほうがずっとラクなはずなのだが、そうしたトータルな損得勘定が働かなくなって、目先の小さなプライドを満足させることのほうをとってしまうわけだ。そして、こうして借りた余分な十万円は、手をつけずにとっておくといったことはまずなく、なんとはなしに使ってしまい、自分で自分の首をしめてしまうことが多い。

考えてみれば、サラ金には、このように客の目先の小さなプライドをくすぐるトリックがたくさん仕掛けられている。借りに来た人をお客さま扱いするのも、その一つの手だ。ふつう、借金をするときは、借りる相手が個人にしろ銀行にしろ、借りる側はかなり卑屈な思いをさせられるものである。とくに銀行相手となると、徹底的に調べられるし、担保もとられるので、不愉快な思いを強いられる。

それに対して、サラ金ではお客さまとして遇される。頭を下げる必要もなく、逆に相手のほうから頭を下げてくれるのである。会社によっては、コーヒーのサービスをするところもあるほどだ。銀行では、自分のプライドを傷つけられることのほうが多いが、サラ金では、こうしてプライドをくすぐってくれる。だからこそ、サラ金で借金をすれば、銀行などよりはるかに高い利息がつき、結局、損をするとわかっていても、サラ金に走る人が絶えないわけだ。

このように、人は目先の小さなプライドにこだわって、大局を見誤りやすい。サルを笑えるくらいなら、サラ金悲劇などということも起こらなくなるはずなのだが。

＊金を借りるときは、借りやすさよりも返しやすさを優先して考える。

27 サラ金から簡単にお金を借りる人が多いのは、お金に困っているからでなく、お金に余裕があるからである。

サラ金で借りられるお金の使い道は、そのほとんどが遊興費にあてられるという。生活苦や事業資金の不足など、せっぱつまってサラ金から借りるというケースはそう多くはないそうだ。

たしかに、人間心理を考えてみても、生活のためのお金より、遊びのためのお金のほうが気楽に借金しやすいようだ。生活のための借金をするとなると、自分の能力のなさを感じて、プライドが大いに傷つく。しかし、遊びの金となると、自分の無能さや稼ぎのなさを恥じる意識はそれほど生じない。要するに、お金にそれほど困っているのではなく、生活はある程度成り立っていて余裕があるからこそ、気楽にお金も借りられるわけだ。

しかし、こうして気楽に借りた遊びのためのお金ほど、返すときの苦痛は大きくなるのである。「借りるときのえびす顔、返すときのえんま顔」という諺もあるように、人は借りた金を返すとき、どうしても損をしたという気分になりやすい。というのも、たとえ人の金にせよ、いったん自分の手にわたった金は、自分のもののような気がしてきて、返済しなければいけないと理性ではわかっていても、感情的には、自分の金を人にくれてやるような心理になるからである。

まして、遊びのために使ったお金は、あとにモノなどの形で残るものがない。その金でかわりに何かを得たという実感がないから、返すのがますます借しくなってくるというわけである。

私の大学のある生徒は、夏休みに北海道旅行を計画し、両親に旅費の借金を申し込んだ。ふつうは、アルバイトして旅費をためてから旅行に行くというのが常識的な発想だが、その学生は、旅行に行った後で、借金を返済するためのアルバイトをすることにした。六月から七月にかけての、北海道の美しいシーズンを逃したくなかったからだ。

さて、旅行が終わって東京に戻り、親から借りた旅費を返済するためのアルバイトを始めたら、そのつらいのなんの。いくら働いても、そのアルバイト代は借金を返済するために使われるので、自分の手元には何にも残らない。そのうちなんのためにアルバイトをするのかと、バカバカしくなってやっていられなかったというのがその学生の弁であった。

サラ金の返済を先のばしにし、利息で雪だるま式にふくれあがった借金に苦しむ人が少なくないというのも、ひとつには、このような返すのが惜しいという心理が働くからだろう。サラ金悲劇は、サラ金だけが悪いのではなく、安易にサラ金から借りる人も悪いのだという人がいるが、たしかにそういう面もあるのである。

＊遊びに使う借金は、命取りになることが多い。

28 たとえわずかな金額でも、借金の返済をきちんとする相手には、だれでも無条件で信用する傾向がある。

サギ師が人から大金をだましとるテクニックにこういうものがある。まず、だましとろうと決めた相手に、少額の借金を申し込む。タバコ銭程度のお金である。タバコ銭程度のお金を貸すのに躊躇《ちゅうちょ》する人はいない。「タバコ銭くらい」と誰でも気軽にお金を貸してあげるはずだ。「貸す」というより「あげる」といった感じに近い。

ところがタバコ銭を受け取ったサギ師は、ていねいな礼とともに、翌日かならずそのお金を返しにやってくる。誰だって昨日貸したタバコ銭くらいどうでもいいと考えている。そこへわざわざタバコ銭を返しにくれば、どんな鈍感な人でも借り手の誠実さが印象に残る。さて、サギ師はしばらくしてから、ふたたび少額の借金――今度は二、三万円の借金を申し込む。そして、これも同じように誠実、かつ確実に返却する。

こうした借金と返済を何回かくり返した後、ある日、「どうしても、まとまった金が必要です。何とかしていただけませんか」と、サギ師は大金の借金を申し込むのである。そして借金に成功したら今回は返済せず、そのままドロンを決め込むわけだ。

どんな少額の借金でも、いや少額であればあるほど、きちんとお金を返す人は「彼は欲望のコントロールができている。こういう人なら安心してつきあえる」と、貸し主の信用を得ることができる。このサギ師の手口は、その心理をついたテクニックなのである。

サギ師とくらべるのは語弊がありそうだが、このお金の心理法則を応用すれば、相手の絶大な信用を得ることができるようになる。たとえば借金の期日だが、同じ借金でも期日の当日に返すのと、前日に返すのでは大違いだ。福富太郎氏は、いつも家賃や借金は期日の三日前に払うことにしていたという。そのおかげで、彼は家主や仕入れ先から絶大な信用を得ることができたそうだが、じつのところ最初から、入金日の三日後を借金の返済日にしていたのだそうである。これは、巧妙に人間心理をついた方法と言わざるをえない。

たとえば、人と待ち合わせをして、約束の時間に十五分ほど遅れそうになったとき、「二十分ほど遅れます」と連絡しておくと、相手に待たされたという不快感を与えず、かえって好感を得られることが多い。これは、二十分の遅刻と相手が〝期待〟していたよりも早く姿を現わすことで、相手を驚かせるとともに、その誠実さが印象づけられるからである。福富氏のとった方法もこの遅刻の心理作戦と同じものといえよう。

＊借金の返済日よりまえに返すと、次回の借金が申し込みやすくなる。

29 同じお金でも、シワクチャの古札よりピンとした新札のほうが、価値があるように見える。

「私は、どんなりっぱな服装をしていようと、またたとえ一流企業に勤めていようが、お金をむきだしでポケットに入れたり、クシャクシャのお札を出してくるような人間には絶対に金を貸さない」というのは、ある有名な高利貸しの言葉である。サラ金全盛の昨今では、高利貸しという言葉も死語になってしまったが、こうした人たちは、貸し倒れを防ぐためにも、金を借りにきた人間の人となりを見ぬく眼力は鋭く、なまじの心理学者以上に人間心理に通じていたようだ。

その高利貸しによれば、このようにお金を粗末に扱う人は、万事にルーズで、約束なども守らないことが多いというわけである。この見方がすべての人に通じるかどうかについては、ちょっと疑間もないではないが、たしかにシワクチャのお札などは、だらしなさを連想させ、あまり印象のいいものではない。

日本人は、一般に「折り目正しい」とか「スジが通った」ことを好む傾向か強い。ズボンにはピシッと折り目がついていることで、相手にきちんとした印象を与えられるし、ものごとにスジを通す人には、周囲の尊敬が集まる。こうした見方はお金にまで及んでおり、同じお金でもピンとした新札のほうが喜ばれるのである。とくに冠婚葬祭のようなビジネスを離れた場でのお金のやりとりでは、シワクチャのお札では相手に失礼になるということから、わざわざ銀行で新券に両替えしてもらう人が多い。

こうした日本人の心理傾向を逆手にとれば、ちょっとしたことで、相手の印象を変えることもできるのである。たとえば、借金を返すような場合、借りた額をきちんと返せばそれですむはずだが、このとき、お金をすべて新札でそろえれば、相手の受ける印象はぐっとよくなるはずだ。さらに、そのお金が白いきれいな封筒に入れてあったりすれば、その効果はいっそう高まる。要するに、きちんとした人、信頼できる人ということを強く相手に印象づけることができるわけで、借金の返済にも心理作戦があるということだ。

ついでにいえば、借りた金を返すときは、どんなに忙しいときでも代理の人間などは使わず、借りた本人が出向くことがいちばんである。これは、とくに個人対個人の場合、そうするのが礼儀だということもあるが、相手に「たしかに、この人に貸したお金を返してもらった」と実感してもらううえでも重要なポイントである。代理人では、こうした印象は薄くなるし、人を介さない銀行振り込みなどでは、返してもらったという実感はますます湧きにくくなるのである。

＊借金を返済するときの紙幣は、新券にすると誠実さを演出できる。

30 人が他人にものを贈るときの金額決定は、相手に対して抱いているイメージの大きさが基準になる。

人の世話になったとき、お礼に何を贈ろうかと頭を痛める人が多いようだが、贈られたほうも頭を痛めることがある。私の学生時代からの友人で会社重役をしている男は、たいへん世話好きなのだが、お礼をもらって困ることがあるという。それは、失礼ながらあまり高額所得者と思えない人が、ひじょうに高価な品物を持ってくる場合だ。彼としては、ちょっとしたことをしてあげただけなので、高価なものは受け取りにくい。まして、贈る人のふところ具合を考えると、ますます受け取りにくくなるのである。

「そんなに見栄をはって無理をしなくてもいいのに」と彼は嘆くのだが、私にいわせてもらえば、こういうケースでは、見栄だけで高価なものを選んでいるわけではないのである。

人は、だれかに世話になったとき、品物を贈ったりごちそうしたりしてお礼をするが、だれに対しても同じようにするわけではない。たとえば、同じ仲人でも、見合いのときから何くれとなく世話を焼いてくれた課長には、世間の相場に見合った額のものを贈る。これに対して、たとえ結婚式のときだけの頼まれ仲人にしろ、社長に頼んだ場合には、課長なみのお礼というわけにはいかなくなる。言いかえれば、人が他人にものを贈ったりするときの金額は、相手に対して抱いているイメージを反映しているのである。

このとき、下位の者が自分よりはるかに上位の人に贈る場合、実際以上に相手を大きく感じてしまうことがある。社会的に活動している人が相手の場合に、とくにその傾向か強いが、身分不相応な贈り物をするというのは、こうした心理によるものなのだ。

このように、日本の社会では、贈り物の金額には、贈る側が相手に抱くイメージがこめられているということは、暗黙の了解として一般に認められている。だからこそ、お中元やお歳暮の時期になると、「あの人には、これでは高すぎる」とか「こんな金額のものでは失礼にならないか」などと、デパートで夫婦でひそひそと相談したりするわけだ。

また、もらう側にしても、何かもらって当然と期待する人から、何も贈られないよりも、自分の期待値を下まわる金額のものを贈られたほうが、ひじょうに腹立たしく感じられることがある。何も贈らないのなら、「社会常識のないやつだ」と相手を非難してそれですむが、安い金額のものだと、「あいつはおれをこんなに軽くみていたのか」と、自分を過小評価された悔しさをおぼえるからである。

＊上役への贈り物に迷ったときは、金銭的価値のはかりにくい手作り品などを使うのも手。

31 贈り物は、下位の人ほど厚くしたほうが、相手の印象に残りやすい。

一般に、人が贈り物をするときは、自分より社会的な地位の高い人には高価なものを贈り、地位の低い人にはそれよりも安い物を贈るのが常識のようだ。たとえば、上役には高級な洋酒を贈り、部下には国産のウイスキーで間に合わせる、といった具合だが、ときには下位の者にちょっと高価なものをプレゼントすると、相手に強い印象を残すことができる。

贈り物の金額の多少は、そのまま受け手の社会的評価のランクにつながる。そして、人は誰でも自分なりに自分の社会的評価のランクを予想しているから、贈り物を受けとるときは、「私の地位はこのくらいだから、私がもらうのはこれくらいだ」と、彼なりの予想を抱いている。贈り物のランクが、そのまま自分という人間にたいする自己評価につながるわけである。

そこで、ときにこの予想をくつがえすような品物を贈ってやると、相手は意外感から強く喜び、贈ってくれた人に対して、深い信頼感をもつことにもなるのである。たとえば、部下が家に来たときに、何万円もするスコッチを出したり、出前をとるにしても、並ではなく上ずしをとるというわけである。部下にしてみれば、上役の家で出る酒は、自分なら国産ウイスキーがいいところだと思っている。そこに、予想外に高価なものが出てくれば、気をよくせざるをえない。この場合、当人の予想をこえるその落差が大きければ大きいほど受け手の喜びは大きいのである。

当人の予想を上まわる贈り物を与えるということは、その人にとって、自分をそれだけ高く評価してもらえたということで、自我の中核が大いにくすぐられる。人にとってこんなうれしいことはない。その品物の金銭的な価値よりも、自分を「高く」見積もってくれたという実感が、人を喜ばせ、それが、贈ってくれた相手への好意にも転化するのである。

これに対して、相手が上位の人の場合は、少々高価なものをプレゼントしても、あまり効果はないといえる。というのは、上位の人間は、高価なものをもらい慣れているので、いまさら高価なものをもらったところで、何の意外性もないからだ。

プレゼントで上位の人間を喜ばせるには、よほど高価なものか、そうでなければ、金銭的な価値を離れたものを選んだほうがいいだろう。たとえば「うちの庭でできた無農薬の野菜です」とか「田舎の父がついた手づくりの餅です」といったもののほうが、ずっと意外性があり、相手に喜ばれるはずである。社会的に上位にいる人間は、自分が上位にいることは自分でもわかっているのだから、いまさらプレゼントでそれを確認する必要はさらさらないのである。

＊部下への厚遇は、投資した金額以上の効果がある。

32
贈り物を選ぶときは、だれでも無意識のうちに自分が贈られるとうれしいものを選ぼうとする。

私は、お中元やお歳暮をいただいたときは、かならず何をいただいたかを覚えておき、次にその相手にプレゼントする機会があったときの参考にしている。すなわち、相手が贈ってきたものと同じ領域のものをプレゼントするのである。たとえば、相手がワインを贈ってきたら、私もワインを、また陶器などの焼き物を贈ってきたら、私もツボや花瓶などをプレゼントするようにしているというわけだ。

一般に、相手へ贈り物をするときは、だれでも「自分がこういうものをもらったらうれしい」とか「自分でもほしいけれど、ちょっと高価すぎてもったいない」というものを無意識のうちに選んでいる。つまり、「自分がもらってうれしいものは、相手も喜んでくれるはずだ」という勝手な論理が働いているわけだ。いくら自分が気に入ったり、自分のほしいものでも、相手がかならずしもそれを喜ぶとは限らないのだが、ことプレゼントとなると、たとえ「相手に喜んでほしい」という好意のあらわれからであっても、自分の趣味を相手に押しつけるような格好になってしまうことが多いのである。

もっとも、もともとプレゼントには、相手にこうした自分の自我の一部を押しつけることで、相手を支配したいという欲求が隠されていると言ってもいいかもしれない。よほどの善人でないかぎり、なんの見返りも期待せずに、他人にプレゼントするということはまずないはずだ。かりに見返りということをはっきり意識していなくても、無意識のうちに、相手からの好意を期待していることが多い。

これがもっと露骨になると、実力者にプレゼントをすることで、相手に心理的な貸しをつくり、自分のために何かしてもらおうということになる。受け取った側にしても、このプレゼントを無視できなくなるのである。役人の汚職事件にしても、業者からけっして大金をもらっているわけでなく、ゴルフバッグをもらった、レストランでごちそうになったなど、些細な金額の贈り物の積み重ねで、いつもか贈り主に負い目を感じて、自分の人生を台なしにしてしまうわけだ。

こうしたプレゼントの心理を知れば、今度、自分が相手に贈り物をするときは、自分の自我を押しつけるのではなく、相手の自我に合わせることが効果的だとおわかりになるだろう。つまり相手がほしがっているものを贈ればいいわけだが、それには相手からのプレゼントがひじょうに参考になるのである。

＊贈り物へのお返しは、贈られたものを参考にして、同じ分野のものを贈ると効果がある。

33

相手より劣位だと認めている人は、相手からいくらおごられても何の痛痒も感じない。

最近都会では、人間関係が希薄になって、隣近所とのつき合いも少なくなったが、一歩都会を出たところや、都会でも下町では、ご近所とのつながりがまだ生きていて、何かとわずらわしいことも多いようだ。たとえばお隣りから何かのおすそ分けをもらったとする。こんなとき、それがたとえありがた迷惑な品物であっても、もらいっぱなしにはできない。少なくとも、もらった物に相当するだけのお返しをしないと礼儀知らずと後ろ指をさされるからである。また、逆にある面ではこうした社会の中に暮らしていると、相手に対して劣位に立ちたくないという気持ちから、もらい物をしたらかならずお返しをしようという思いにもなるのである。したがってこうしたところでは、やったりとったりが半ば永久運動的にくり返される。これは、心理的に対等でありたいという一種の意思表示なのである。

こうした心理メカニズムは、おごりおごられる関係にも働くようである。いまかりに、自分が対等だと思っている相手から、食事なり酒なりをおごってもらったとする。おごる人間は「自分がおごりたいと思っているのだから、素直におごられていればいい」と言うかもしれないが、おごられるほうはそうは思わない。心のどこかに負い目を感じて、いつか機会をみておごり返そうとする。おごってもらうということは、一時的にせよ相手より劣位に立つことを是認することであり、大きな心理的抵抗を感じるからである。

しかし、同じおごるおごられるの関係でも、明らかに対等の関係ではない場合は話はちがってくる。たとえば、新入社員が上役の部長におごられた場合、この新入社員が部長におごり返すということはまずないだろう。おごられるのは当然だと考えて、かえって「ありがとうございます」の一言も忘れてしまうくらいだ。少なくとも、おごってもらったことに対しては、彼は何の痛痒も感じていないはずだ。これは、新入社員にとって、上役より自分のほうがはるかに劣位の存在だということが明白だからである。

ただし、客観的には対等もしくは自分のほうが上の関係なのに、おごられても何の抵抗も感じない例外もある。若い女性と政治家である。若い女性には、男性につきあってやっているのだから、おごってもらうのは当たり前だという感覚があるのだろう。政治家のほうも、おごられてもいつか見返りを返すのだから、と思っているのかもしれないが、この見返りは空手形で終わることも多い。おごられて負担を感じるようでは、政治家とはいえないのかもしれない。

＊上司や先輩におごられたときは、「ありがとう」の一言で貸し借りの関係が帳消しになる。

34 おごられて当然という人間関係では、ちょっとした金銭的負担が大きな信頼感に結びつきやすい。

よく〝老人キラー〟といわれる人がいる。自分よりずっと年配で、社会的地位も高い人から、何かと目をかけられる人だが、私の若い友人にも、この〝老人キラー〟がいる。彼をみていると、こうした〝老人〟の世話を小まめにやき、労をいとわないということにいつも感心させられるのだが、「なるほど、これなら彼らの信頼を得るのもまちがいない」と思わされたことがある。

それは、彼といっしょにある一流企業の経営者からゴルフに招待されたときのことだが、ゴルフが終わって帰るさい、彼はじつに申しわけなさそうな顔をして、その経営者に礼を述べ、「いつも招待されていて心苦しいので、つぎは私に招待させてほしい」と申し述べたのである。

ふつう、彼と一流企業の経営者の関係なら、年齢差からいっても、社会的な立場の差からいっても、おごる、おごられるという場面では、経営者のほうがつねにおごる側にまわるというのが常識である。このように、人間関係の中には、つねに一方がおごる側、もう一方はおごられる側に固定された関係のものがあるが、こうした関係では、まえにもふれたように、お礼の言葉さえちゃんと返ってくるなら、金銭的負担をするほうも、とくにソンをしたとは思わない。

それが当たりまえだという心理があるからである。

そのため、こうしたおごる・おごられる関係が固定している人間関係で、おごられる側が、ひじょうに申しわけなさそうにして、この関係を当然とは認めたくないというアピールをしたり、さらに、この関係を逆転させる申し出をしたりすると、おごる側はひじょうに意外に思うと同時に、その相手を深く信頼してしまう心理になりやすいのである。

というのも、人はだれも自分に損になることはしたがらない、という思いこみがだれにもあるからである。そうした〝常識〟をくつがえし、負わなくてもすむ金銭的負担を、あえて負おうとする人間は、金銭にこだわらない清潔な人、誠実な人という印象を与えることになる。私の若い友人が、意図的にそうしていたかどうかは知らないか、〝老人キラー〟といわれ、〝老人〟たちの信頼を得るのも無理はないのである。

このように、お金の使い方に関しては、「こうした状況では、だれでもこうするにちがいない」という社会通念があるが、その社会通念を破って、ちょっとした損を負担するかわりに、大きな信頼感を得られることが多い。いつもおごられてばかりいて、お金を使わずにすんだと喜んでいると、「あいつはケチなやつだ」と烙印を押され、大きな損失をこうむることもあるのだ。

＊上役からの誘いは、五回に一回くらい断わると、かえって上役の信頼感を得られる。

35

お礼としての品物は素直に受け取れても、同額の現金となると受け取るのに強い抵抗を感じやすい。

私の友人が、縁あってある人の世話をしたときのことである。数日後、その相手から三万円の現金書留が送られてきた。お礼のつもりだったらしいが、友人はムッとした。謝礼がほしくて世話をしたつもりはなかったからである。さっそく、友人は「このお金は受け取れない」という手紙を添えて、そのお金を送り返した。

すると驚いたことに、すぐ、「どうしても感謝の意をあらわしたいので」という内容の手紙とともに、三万円に返送分の郵送料をプラスした金額が、また送られてきたのである。バカバカしくなって、友人はその三万円を受け取ることにしたのだが、「もしその人が現金ではなく、三万円相当の品物を送ってくれたのなら、私もさほど抵抗を感じずに、受け取っていたにちがいない」とその友人は語っていた。

このように、現金と品物とでは、金額的には同じだとしても、受け取る側の心理には大きな差が生じるものだ。もちろん、ホンネから言えば、現金のほうがよっぽどうれしいこともあるし、「なんだこんなものを送ってきて」と送られた品物にケチをつけたくなることもあろう。

ただ一般的に、最初から謝礼を払うということでお互いに了解している場合を除いて、お金で相手の行為に報いようとすると、相手に不快感を与えてしまうことが多い。

これはなぜかというと、ひとつには、お金を〝不浄〟のものとする儒教的な見方が、日本の社会にあるからだろう。このお金を不浄視する心理を分析してみると、まず、お金は人間の欲望を満たすための手段だという認識がある。つまり、お金さえあれば、人は自分の欲望を自由に満たすことができるというわけだ。

しかし、新宿歌舞伎町を見てもわかるように、人間の欲望にはかなり低次元のものもあり、そうした欲望ほどなかなか抑えにくい。そのため人はこうした欲望を、半ば後ろめたい気持ちとともに、意識せざるをえないわけだ。お金が〝不浄〟というのも、無意識のうちに、低次元の欲望への連想が働くからだと考えられるのである。

「清貧」という言葉もあるように、昔から日本では、お金と縁のないことが一種の美徳のようにされてきた。そのため、好意でしたことのお礼に現金を送ると、かえって相手をバカにしたように受けとられることもあったのだが、最近の若い人には、こうしたお金へのこだわりは薄くなってきたようだ。「くれるなら現金がいい」と、彼らはじつに堂々と言うのである。

＊お礼には、現金を渡すより、商品券などが喜ばれる。

36 無料のものは、納得できる理由がないと、トクをしたと感じるより抵抗感を感じて受け取りにくい。

ある地方都市のホテルが開店サービスで、歩行者にコーヒーのタダ券を配ったことがある。ホテル側はなんといってもタダ券なのだから、お客が大勢来てくれるだろうと思っていたのだが、その予想はみごとに裏切られた。タダ券を持ってホテルを訪れる客はほとんどいなかったのである。せっかくアルバイトを動員してまで配っているのに、これではあまり意味がない。ホテルとしては、お客に来てもらい、そのホテルになじんでもらうことが狙いだったからである。

そこでホテル側は作戦を変更した。まず、アトランダムに抽出した市民の家に電話をかけて、電話でのアンケート調査に協力してもらう。それからアンケートへのお礼という形で、無料のコーヒー券を送りつけるようにした。すると、そのタダ券を持ったお客が、次つぎとホテルのカフェテリアに来店するようになった。ちなみに、そのアンケート調査の内容は、ほとんど意味もないものだったそうである。要するに、アンケート調査をしたのは、客にコーヒーのタダ券を受けとらせ、それを使わせるための理由作りだったのである。

人はふだん、すこしでもトクをしたいと願い、安くていいものがあれば、つい手を出したくなりがちだ。しかし、こうしたトクをしたいという欲求も、ことタダのものとなると話はちがってくる。たとえ一杯三百円程度のコーヒーであっても、無料のものを受け取ることに強い抵抗感を抱くのである。

これは、「タダほど高いものはない」という諺にもあるように、相手から無償で贈り物を受け取ってしまうと、相手に対して心理的に負い目を感じ、相手が無理難題をふっかけてきても、それに応じなければならなくなることを無意識のうちに恐れるからである。だから、街頭でいきなりホテルの無料コーヒー券を受け取っても、ほとんどの人がその無料券を利用しようとはしなかったわけだ。

しかし、同じタダでも、タダになることに正当な理由があると感じられれば、今度は人は喜んでタダの恩恵に浴そうとするようになる。それがどんな理由であれ、それなりに納得できさえすれば、相手によけいな恩義や心理的負担を感じなくてすむからである。そのため、電話によるアンケート調査に協力した〝報酬〟という名目をホテルから与えられた人たちは、安心してホテルのコーヒー無料券を利用したのである。

＊相手にプレゼントするときは、それなりの理由を考えておかないと、受け取りを拒否されることもある。

❸ 金銭感覚の心理術

なぜ、カードだとつい使いすぎてしまうのか

37 人は、収入の大きさに満足するのではなく、収入の大きさに合わせて満足感を得ようとする。

近ごろマスコミで話題になったが、各種のアンケート調査によれば、不思議なことに日本人の九〇パーセントぐらいは中流意識をもっているという結果が出ている。中流という言葉の定義もきわめてあいまいなのだが、意識の上では、ほとんどの国民が中流意識をもっているということになる。では、その中流意識をもっている人たちが、同じような暮らし向きをしているかというと、これがかならずしもそうではない。なかには、たとえば年収三億円の人もいれば、年収三百万円の人もいる。これはおかしな話で、三億円と三百万円とでは、桁が二つもちがっている。同じ中流のはずなのに、かたや外車での送り迎え、かたや満員電車での通勤といった、奇妙なアンバランスがでてくる。冷静にみれば、とても同じ階層の人間だとは思えないはずだ。それなのに、年収三億円の人も、三百万円の人も、ともに自分の暮らしは上でもなければ下でもなく、大満足もしていなければ、不満たらたらというのでもないと、まるで似たような感じ方をしているのである。

江戸時代には、士農工商というはっきりした身分の差があった。なかでも商人は最下等の身分とされ、武士にバッサリと斬り捨てられても文句のつけようはない。現代に生きている人間からみれば、当時商人なんかに生まれたら、さぞかし息のつまるような思いをしたことだろうと考えてしまうが、事実はかならずしもそうではなかったようである。当時の文学や記録を見ても、商人は商人なりに、満足しながら生きていた。武士にペコペコ頭を下げ、窮屈な規則に縛られてはいても、自由を感じるときもあれば、幸せに酔いしれることもある。当たり前のことだが、当時の彼らの暮らしもまた人間の暮らしである。時代を問わず、地域を問わず、どのような境遇にあっても、人は無意識のうちに適応して、そのなかでバランスをとりながら満足を得ようとする。

他人から見て、よくあれだけの収入で暮らしていけると思えるような家庭にも、それなりのぜいたくもあれば節約もある。高収入だからといって、生活に不満がないとはいえない。収入が大きければ大きいなりに、満足と感じるレベルが変わってくるだけのことだ。金持ちが五千万円のツボを目の前にして、買おうか買うまいか迷う心理と、ふつうの主婦が、百グラム三百円の肉にしようか、それとも五百円のにしようかと迷う心理と、心のメカニズムは同じなのである。五千万円のツボを買っても、もっとお金があったならと不満に思う人もいるし、五百円の肉で豊かな気持ちを味わう人もいるのである。

＊おごるときは、あらかじめ財布の金額を減らしておき、目いっぱい使うと相手の満足感が違ってくる。

38 いったん自分の手もとを離れた金は、自分の金であって自分の金でないように感じる。

お客が、利用する銀行を選ぶ場合に、どういう基準で選ぶのかを調査した報告がある。それによると、九〇パーセント近くの人が、近くて便利な銀行を選ぶと答えているのだが、ここで興味深いことが明らかになっている。つまり、利用者にとって「近くて便利な銀行」というのは、お金を引き出すところとして便利だという意味であって、けっしてお金を預けるのに便利だということではないということだ。定期預金などのように、できるだけ解約せずにふやしたいと思っているお金は、そうした「近くて便利な銀行」よりも、「遠くて不便な銀行」を利用すると答えた人が多かったのである。近くだと、すぐ解約しがちだからよくないというわけだ。

預ける話とは逆になるが、以前、故・三益愛子さんの大当たりした芝居に、『がめつい奴』というのがあった。三益さん扮する主人公のおばあさんがたいへんなケチンボで、食うものも食わず、着るものも着ず、貧乏長屋の床下にカメを隠し、その中に大金を入れて、こっそりとり出してはお金をながめて楽しんだという芝居だったが、昔から守銭奴というのは、お金を銀行に預けたりせずに、自分の目の届くカメの中にお金を入れて楽しんだものらしい。効果的にお金をふやそうと思えば、金融機関などを利用するほうがいいに決まっているが、自分の手元において、お金を自分の支配下においている感覚を味わいたいという気持ちは、わからないではない。

一般に、自分が完全に支配して、自分の自由になるお金というのは、距離的にも心理的にも、自分の手元にあるお金に限られる。自分の手元を離れたお金、たとえば他人に貸したお金や銀行に預けたお金は、自分から遠ざかった分だけ、自分のお金であって自分のお金ではないように感じてしまうのだ。銀行預金にしても、これが定期預金などの解約に手間のかかるものだと、よけいに自分のお金ではないような気になる。

銀行の定期預金を解約したことのある人なら、一度は経験したことがあるだろうが、銀行はなかなか簡単には応じてくれない。何に使うのかなどと、まるで銀行のお金をおろしているかのようにうるさい。自分のお金が、ここでは心理的にも遠く、支配しにくくなるのである。

先ほどの銀行の利用基準の調査でもわかるように、人々は無意識のうちにもこうした心理を利用しているわけだ。あえて「遠くて不便な銀行」に定期預金すれば、心理的にも手をつけにくくなるし、距離的にも遠くなって解約が面倒になる。自分のお金でありながら、自分のお金ではないようにしてしまうのが、お金をふやすコツといえる。

＊お金を貯めたいなら、できるだけおろしにくい預金にしてしまうのも手。

39 いったん自分のふところから出ていった金が戻ると、たとえ自分の金でもひじょうにトクをしたと感じる。

サラリーマンにとって、年末調整は楽しみの一つだろう。今年はいくらもどってくるかな、戻ってきたらどうやって使おうか、などと考えながら思わずニンマリするのだが、これはちょっとおかしな話だ。

すこし冷静になって頭を働かせばわかるように、サラリーマンは毎月の給料から税金を天引きされており、余分に支払ったものが年末に調整されて戻ってくるだけのことである。返してもらって当然のお金なのだから、これはトクしたわけでもなんでもない。むしろ、無利子で貸したのと同じだから、本来は利息分だけ損をしていることになるのだ。にもかかわらず、戻り金額が多いと、それだけトクをしたように感じ、戻り金の多かった人が、少なかった人をなぐさめたりするのである。

このように、いったん自分の手もとから出ていったお金が戻ってくると、何か余分な収入があったように感じて、だれしもトクした気分になる。友人にお金を貸してやって、忘れたころに返してもらったときの心理も同じである。「いやあ、悪いね」などと言いながら目尻が下がり、その友人にコーヒーをおごったりする。ヘソクリを本のあいだに隠しておいたのを忘れ、数年後ひょっこり見つけたときの喜びもまた格別である。

前項でもふれたように、いったん自分から離れたお金には、自分のものという所有意識が薄れやすい。財布の中の現金は自分のお金という意識が働くが、銀行にあずけたり、人に貸した金は、心理的には自分のものでなくなってしまうわけだ。給料天引きの財形貯蓄が、意外と抵抗感がなくいちばん貯めやすいというのも、このような心理による。一度自分が手にしたお金を貯金に回すには、相当の気力が必要なのだ。

サラリーマンの税金にしても、給料天引き制ではなく、年度末に一括して払い込むという制度にしたら、おそらく全国のサラリーマンはパニック状態に陥るにちがいない。税金の額は現在と同じでも、ひじょうに高額をとられるような気がし、不平不満が爆発するのは確実だろう。

税金をとられる苦痛を「税痛」というが、サラリーマンが税痛をあまり感じていないことは、選挙で、サラリーマンのためにと立ちあがった候補者が、あまり票を集めないことからもうかがえる。給料天引き制という巧妙なトリックのおかげで、サラリーマンは政府にさしたる不満も抱かず、ささやかな年末調整金でホクホクしているのだ。

＊貯金は、給料天引きの形にすると、ラクに貯められる。

40 ケタはずれの金額を扱うときは、〝お金〟という意識が働かず、損得勘定も狂いやすい。

宝くじで一等の三千万円に当たった人が、銀行にお金を取りに行ったとき、行員にどうしてもと頼んで、現金で三千万円を目の前に積んで見せてもらったそうである。ふつうはこんな場合には、すぐに銀行預金にしてしまって現金は出さないものだそうだが、この人は三千万円を自分の目で見て実感してみたかったのだろう。ふつうの人は、こうして宝くじにでも当たらない限り、まずこんな大金には縁がない。三千万円が一万円札でどのくらいのボリュームになるのか、まるで見当もつかないものだ。

たとえば、日本の国家予算は数十兆円の規模なのだが、これは大多数の人にとってはほとんどピンとこない数字である。ちなみに一兆円というのは、一秒間で一円ずつ数えていくと、全部数え終わるのに、なんと三万一千七百九年余はかかるという途方もない数字である。

だいたい人間は、一千万円以上の金額になると、お金としてピンとこなくなるようだ。住宅ローンとして一千万円借りたとする。借りるときはそれなりに一千万円のイメージを持ってはいても、いざ返済という段になると、こんなに返済したはずなのにまだ利息分ぐらいしか返していないのかというような、感覚のズレが生じることがある。頭の中にある一千万円の借金は、漠然としかとらえられないが、現実的なお金として返済を始めて、あらためてそのギャップに驚くということが多いのである。これは、日常生活レベルでの金額を「現実レベル」のお金とすれば、こうした大金は「非現実レベル」のお金としか意識されないからである。

たとえば大手商社になると、若手でも取引きで億単位の金を扱うことがある。不動産売買などでも、億単位の金が動くことは珍しくない。こうした億単位の金を扱う商社員や不動産関係者にしても、彼自身のふところにはいってきて、自由に使える給料の額は、それほど多くはない。こうした人たちは、ふだんの昼食では八百円のランチにしようか、千円のランチにしようとか迷っても、それが仕事で扱う非現実レベルの金となると、とたんに損得勘定がちがってくるのである。億単位の不動産を扱う業者は平気で百万や二百万円ぐらいはまけてくれる。新国技館を作ったときも、相撲協会の春日野理事長が業者と交渉して数千万円だか数億円だかをまけさせたという。

このように、現実レベルでは、百円や二百円のちがいにこだわる人が、非現実レベルの金額となると、百万円、二百万円の差にも平気になれるというのは、現実とのギャップが大きすぎて、お金という意識が働きにくいからである。

＊高価な買い物ほど、値引きをせまると得することが多い。

41 同じ千円のものを買うときでも、千円札を出すのと一万円札を出すのでは、心理的抵抗感がちがう。

最近のパチンコ屋には、たいてい一万円の自動両替機があって、一万円札を千円札九枚と百円玉とに両替えするシステムになっているそうだ。この自動両替機のおかげで今までなら五千円くらいでやめていたところを、気がつくと一万円をパチンコにつぎこんでしまっているという人がいる。たしかに、お釣りの札がすべて千円札ならさもありなんと私も思う。もし、両替機のお釣りが、千円札四枚と五千円札一枚の組み合わせになっていたら、客は五千円札を財布の中に残して、パチンコをやめて帰ってしまうだろうが、お釣りが全部千円札だと、客はそれをすべて百円玉にくずしてスってしまう可能性が高くなるというわけだ。

お札を使うときの心理を考えてみると、五百円とか千円札ならくずして使うのに何の抵抗感もないが、五千円、一万円札となると、それをくずすのにどうしても抵抗を感じる人が多い。これは、心理学的に説明すると、小額紙幣より高額紙幣のほうが、それを使うときのコンフリクト（葛藤）が強いからだといえよう。

私たちが一万円札で買うことのできる価値や商品は、千円札などにくらべてはるかにバラエティに富んでいる。選択の幅が広くなるから、一万円札を使うかどうかという意志決定の段階で、何を選び何をあきらめるかという葛藤も強くなる。また一万円となると、ムダな使い方をしたときの後悔も大きいので、失敗をしないかという不安も生じる。それに対して千円札の場合は、選択の幅も狭いし、かりに判断を間違えてつまらないものを買ったとしても、たいして実害をこうむるわけではない。意志決定するときも、気楽に決められるわけである。買い物で、一万円札を千円札にくずすと、あっというまに使ってしまうのには、こういう理由があるのである。

一般に、この種の葛藤は強ければ強いほど、一度それを乗り越えてしまうと心理的なだれ現象を起こしやすくなる。たとえば、中年を過ぎてからの遊びなどがその好例で、それまで真面目一本やりで、遊びたい誘惑に耐えてきた人ほど、一度遊んでしまうと、あとは際限なく遊んでしまう。サラ金もこれと同じで、サラ金からお金を借りるのはさすがに抵抗が強いが、一度それを乗り越えてしまうと、後はいくらでも借りられるようになり、サラ金地獄に陥ることになる。

だからこそ、一度一万円札をくずしてしまうと、パチンコでも買い物でもあっというまに使ってしまうのである。こうしたお金のムダ使いを防ぐには、一万円札をなるべくくずさないでいることだろう。

＊財布の中に千円札十枚を入れておくより、一万円札一枚にしたほうが、ムダ使いを防げる。

42 同じ金額でも、数字のうえの金とキャッシュでは、お金の重みがまったく違ってくる。

競馬で破滅するのは、ノミ屋に手を出したときだという話を、競馬ファンの友人から聞いたことがある。ノミ屋とは、競馬場で投票せず、非合法の胴元に電話などで自分が投票する馬券の種類を告げ、レースが終わった後で、その馬券が当たれば胴元から配当を受け取り、負ければ馬券代を払うというシステムだ。もちろん、このノミ行為は非合法なのだが、非合法を承知で行なう人が多く、ここで動くお金は、中央競馬会の総売り上げをゆうに上回るともいわれている。

その友人の体験談によると、ノミ屋で馬券を買っていると、二十万円、三十万円と負けても、平気で賭けてしまうことがあるという。たしかに、電話でお金のやりとりをしているだけで、目の前で現金が動くというのではないのだから、大負けしても、負けたという実感はわきにくいだろう。キャッシュのときなら「負けすぎた」と働く自制力も働きにくくなるので、うっかりすると、いくらでもお金を賭けかねないわけだ。

このように、ノミ屋なら、平気で大金を賭けられるのも、電話口で告げられるお金が、現実のお金でなく、抽象のお金であるからだ。人は目の前に見えない抽象的な事象に対しては、現実感覚を喪失しがちになる。

これを証明したのが、ミルグラムの有名な実験である。この実験で被験者は、隣の部屋にいる人に課題を与え、もし間違ったら電気ショックを与えるようにと命じられる。そして、相手が間違うごとに、電圧を高くするようにという指示を与えられると、なんと被験者は、隣の部屋からいくら苦痛の声が聞こえてこようと、電圧を生命にかかわる赤ラインをはるかに越えるところまで平気で上げ続け、平然とショックを与えるボタンを押し続けたという。これも苦痛を与える相手が自分の目に見えないところにいるからできることで、もし電気ショックを与える人が同じ部屋にいたら、被験者は当然のことながら、電気ショックを与えるのをしぶるだろう。

このように、人は自分の目の前にない事象に対しては、現実感を失ってしまう傾向を持っている。だからこそ、ノミ屋に賭けるお金のように、抽象的なお金を扱うときは、現金を扱うときとは〝お金の重み〟もちがってきて、大金を動かしても平気でいられるわけである。

商品相場などで大損する人が少なくないのも、カラ売買で現金をあまり動かさずにすむので、つい気楽に大金を注ぎ込んでしまうからだろう。〝お金の心理術〟からいうと、キャッシュ以外の大金を動かすときこそ要注意というわけだ。

＊お金のムダ使いを防ぐには、支払いはすべて現金にするのも手。

43

精神的に打撃を受けた人は、金銭感覚まで大幅に狂ってしまうことがある。

ムシャクシャしたり、ガックリ落ち込んだとき、ふだんならとても買わないような高価なものを買ってしまったというような体験は、だれにでも一度や二度はあるのではないだろうか。ヤケ酒、ヤケ食いならぬ、〝ヤケ買い〟とでもいうべきものである。

人から聞いた話だが、ふだんはたいへん理性的で、貯金などもきちんとしていた堅実な青年が、失恋をきっかけに、狂ったように買い物に走ったことがあるという。それも、同じくつを二足買い、それぞれ片一方ずつを捨てて、一足分だけ残すというような奇行をくり返したのである。後日、冷静さを取りもどした彼は、「どうしてあんなことをしたかわからないが、とにかくムチャクチャなお金の使い方をしたかった」と言ったという。

この青年の場合は極端かもしれないが、精神的ショックを受けたりすると、人は、ふだんの金銭感覚からまったくはずれた散財をすることがある。夫の浮気を知った主婦が、家計をやりくりしてためた貯金を全部おろして、毛皮のコートや宝石を買ってしまったなどという話も、よく耳にするところだ。

なぜ、このような行動に走るのかというと、失恋をしたり仕事がうまくいかないようなときは、人は自信を失い、どうしても自我が縮小してしまう。その反作用として何かウサばらしをするなど、縮んでしまった自我をふくらませたいという無意識の欲求が起こってくるのだが、これには、お金を自由に使うというのは格好の手段なのである。つまり、お金に支配されるのではなく、お金を支配することで優越感を味わい、うちひしがれていた自我の回復をはかるわけだ。

だからこそ、こういう場合は、ふだんの金銭感覚は押さえこまれ、散財したり浪費したりするのである。いつものように、「これは自分には高価すぎるのではないだろうか」「ムダではないだろうか」などと考えていたら、その心理的負担は大きいし、これではお金を支配することにはならない。自分でも不合理だとわかっていて、あえて散財するからこそ、気分も軽いし、お金を自由に使っているという快感もあるのである。

このような心理的背景があるため、〝ヤケ買い〟では、程度の差こそあれ、だれでも金銭感覚が狂ってしまうのだ。とくに、ヒステリー性格の人にこの傾向が強く、散財のために借金をすることもけっして珍しくない。お金でコンプレックスがいやせるなら、治療費としては安いものかもしれないが、ひとつ間違えば身の破滅につながりかねない危険性もはらんでいるのである。

＊ふだん浪費癖のある人が、精神的に落ちこんでいるときは要注意。

44 客の予想よりはるかに安い値段にすると、客はトクをしたと思わずかえって不安になる。

キャバレー王福富太郎氏の著書の中に、次のようなエピソードがある。池袋に、向かい合って商売している二軒のキャバレーがあった。向かい合っているだけに客引き合戦も猛烈で、一軒が安売りを始めると、もう一軒がそれを下回る安売りをやるといった具合で、悪循環の値下げ競争を始めてしまった。その当時はビール一本の値段は百八十円、セット料金なら五百円といったところが相場だったのに、値下げ値下げでそのセット料金も百円にまで下落、ついには、一軒のほうがビールを一本飲むごとに、逆に客に五円進呈するというようなところまで立ち至ってしまった。まさに、これ以下はないというような出血大サービスをやったわけである。

では、この二軒のキャバレーは、連日満員の大盛況となったのだろうか。実際には、さにあらず。はじめのうちこそ客はついたが、最後にはあまりの安さに気味悪がって、誰も寄りつかなくなってしまった。たしかに客にとって、同じ内容なら安いにこしたことはないが、それも程度問題である。客は、なにもタダで飲み食いしようなどとは思っていない。それ相応の対価を支払って、それ相応のサービスを期待しているわけだ。それがビール一本飲むごとに五円くれるというのでは、安いと思うより前に、この安さではサービスの質が悪いのではないか、何か裏があるのではないかと、逆に警戒心をもってしまう。通常の感覚からいってあまりにも値段が安すぎるときには、客が十分に納得できる理由がなければ、かえって売れないものなのである。

でたらめに物を買っているように見えても、案外に人には心理的な基準というものがある。人が物を買うときには、その物に対してどのくらいのお金をかけるか、一応の心づもりをもっているということだ。その心づもりに対してバランスのとれた値段であれば、実際の購買行動が起こる。このバランスが崩れて、心づもりの値段よりはるかに高い場合には、心理的にも実際上でも、当然のことながら手が出ない。ところが心づもりよりはるかに安い場合でも、やはり購買行動が起こりにくいのである。

たとえばブランド商品を考えてみても、かりに、十万円の舶来のハンドバッグを一万円で売ったら、女性たちは大喜びして買うだろうか。十万円のハンドバッグは、それだけの値打ちがあると認められているからこそ十万円なのである。売る側が、たとえ出血サービスのつもりで一万円という超安値をつけたとしても、ニセものではないか、キズものではないかと、疑ってかかる女性がほとんどだろう。

＊安売りをするときは、なぜ安いかという理由がはっきりしないと、かえって売れないことがある。

45 相手の実体があいまいだと、人の金を盗っても、罪悪感を感じるよりむしろ得をしたと思う人が多い。

私の教え子の学生から聞いた話だが、仲間で旅行して、ある国民宿舎に泊まったときのことだ。夜中にのどがかわいたので、ロビーにある清涼飲料の自動販売機にコインを投入したところ、機械がこわれていたらしく、何とジャラジャラと余計にコインが戻ってきて、おまけに飲料の缶までも出てくる。びっくりして仲間に知らせると、みんなおもしろがって、かわるがわるロビーに出向いては、コインと飲料をせしめてくる。旅行中でいちばん愉快なできごとだったと、楽しそうに話すのである。もちろん彼らは、ふだんの生活態度もしっかりしていて、まちがっても店頭から何か物を失敬するようなふまじめな学生ではない。そんな彼らでも、こんな場合には、そう罪悪感を感じることもなくコインと飲料を失敬できる。相手が自動販売機という非人格であり、そうやってタダ取りしたところで、困った顔をする人間が具体的には浮かんでこないからである。

たとえばあなたの同僚の財布が、目の前に落ちていたら、あなたはこれをネコババするだろうか。もちろんその同僚に対して何か含むところがあったりすれば話は別だが、ふつうは知っている人の財布とわかれば、たとえ誰にも見られていなくても、そのまま頂戴してしまうことはないはずだ。少なくともネコババすることに、きわめて強い罪悪感が伴うものである。

ところがこれがもし、まるで知らない人の財布で、まわりに誰も人がいなければ、今度は素直に警察に届けようとする人の割合が減ってくる。その財布の中身にもよるが、ネコババすることにも、さほどの罪悪感を感じないようになる。それどころか、場合によっては、むしろ得をしたとすら感じるものだ。同じ人がまったく同じ金額を拾った場合でも、その相手の実体が見えるか見えないかで、その対応が大きく異なってくるのである。

そもそもお金をごまかすという行為は、その対象の実体があいまいだったり、大きかったりするほど、罪の意識が希薄になっていくものである。失業保険の不正受給や脱税が、いくら厳しく取り締まってもあとを絶たないのも、その不正や脱税によって困る対象が、国や自治体などだからである。自分の行為によって困る人の顔は具体的に見えてこない。国鉄のキセルも同じことだ。ほかの乗客や、切符を売った国鉄職員に迷惑をかけるわけでもないので罪悪感がわいてこない。まして、相手の組織は巨大で、自分一人がキセルしたからといってどうなるものでもない。見つからなければしめたものという心理になりやすい条件が備わっているのである。

＊キセルは、いくら厳しく取り締まってもイタチゴッコになりやすい。

46 一度に百円値上げするより、二十円ずつ五回に分けて値上げしたほうがスンナリと受け入れられやすい。

人間の味覚は、その人なりに固定しているようにみえるが、じつはそれほどしっかりしたものではない。高血圧症の夫をもったある主婦が、医者に言われた減塩食を作ったが、こんな味のしないものを食べられるかと、夫はハシをつけてくれない。困った奥さんは一計を案じ、夫がすぐには気づかない程度に、期間をかけてすこしずつ食事の塩分を減らしていった。何も知らない夫は、しだいに減塩食に慣れてしまい、今ではおいしいと言って食べているそうだ。急激な減塩は抵抗を感じても、微量ずつの減塩には気がつかず、味覚も変化していったのである。味覚に限らず、人間の感覚は微量の変化にはすぐ慣れてしまうところがあり、お金にまつわる心理面にも同様のことがいえる。

タクシーの運賃が値上げされると、値上げのその日からガクンとお客が減ってしまう。それまでわりに気軽にタクシーを利用していた人も、つとめて電車やバスで行くようになる。しかし、電車やバスなど他の運賃が上がったり、身の回りの諸物価もしだいに上がってくると、値上げ当初には、格別高く思われたタクシーの運賃が、金額はまるで変わらないのに、さほどでもなく思えてくる。夜遅く駅から自宅へ帰るときでも、大雨でも降ってなければタクシーには乗らなかった人が、そのうち雨降りでなくても、疲れたからいいやとタクシーに乗るようになる。

もちろんタクシーの運賃が、二倍や三倍に値上げされたら話は別だが、実際にはそんな大幅な値上げではなく、基本料金が数十円上がる程度である。国鉄や私鉄、電気やガスなどの公共料金もそうで、百二十円の運賃が二十円上がって百四十円になったり、百四十円が百六十円になったりと、小きざみに値上げしていく。利用者は、値上げに文句は言うが、そのうち慣れてくると、文句も出なくなる。しかし、ここに感覚の落とし穴があって、こうした少額の値上げがくり返されてやがて気づいたときには以前の倍の値段になっていたりするのである。

日々の生活に追われていると、インフレーションに対する実感というのは、なかなか明確にはわいてこないものだ。実際には、この十年間で、物価は倍近くになっているのである。十年たって、あらためて過去を振り返ってインフレのすごさがわかるわけだ。もちろん、何でも一度に二倍に値上がりすれば、心理的抵抗も強く、値上げ反対運動なども起こっていたにちがいないが、時間をかけて小刻みに値段が上がっていったから、消費者の心理的抵抗感も弱められ、結局は「そんなに値上がりしているとは気がつかなかった」と多くの人に言わしめるのだろう。

＊小遣いや手当を減らすときも、一回で下げるより、数回に分けたほうが抵抗に合わなくてすむ。

47

大きな負担である金額も、〝心理的割算〟をすることで小さな負担に感じさせることができる。

ある若いサラリーマンから聞いた話だが、彼は麻雀や競馬で三万円とか五万円をすってしまっても、そのときはそれほど苦痛を感じないという。しかし、いったん「あの負けたぶんで、飲み屋に三回は行けたはずだ」などと考えると、とたんに悔しくなり、大損をしたと感じるそうだ。

これは、負けたお金が、三万とか五万という抽象的な数字で意識されているぶんには、そこに感情的なものがはいりこみにくいが、同じお金でも、生活の中の単位に換算すると、その金額の大きさが実感としてわかるので、悔しいなどという感情もわいてくるのだろう。

このように、実感としてとらえにくい金額を、生活の中の単位に置きかえることは、だれでも無意識のうちにしていることである。たとえば、三万円もするディナーに招待された主婦が、自分でお金を払うわけでもないのに、ついもったいないと感じてしまうのは、三万円あれば、わが家で上等なステーキが何回も食べられるなどと、ふだんの食費に換算して考えてしまうからだ。

とくに、ふだん扱っている金額とはかけ離れた大金をまえにしたときは、この心理的換算をしないと、人は、その金額の大きさがなかなかピンとこない。大きな数字にはリアリティがないのである。

数字の単位をちょっと変えただけで、お金に対するイメージが変わる心理を利用して、重い負担を軽く感じさせるというトリックは、私たちの身のまわりでもしばしば見られる。たとえば、サラ金業者は「一万円を一日たった二十五円の利息で」などという広告で客を誘う。これだと実際には、年九〇パーセント以上の高利なのだが、一日あたりの金額に割ってしまうと、たいした額ではないと感じさせるのである。これは、いってみれば〝心理的割算〟だが、この割算の効果のおかげで、たいした利息ではない、すぐにでも返せると思って、気楽にお金を借りる人があとを絶たないのである。

また、クレジットなども、この心理的割算で成り立っているようなもので、二百万円のクルマを買うだけの経済力はないと思っている人でも、「月々わずか五万円のお支払い」などといわれると、自分でも手が届く金額だと感じ、買おうと決めてしまうわけである。

このように、人はちょっとした数字の操作で、たちまち金銭感覚が狂ってしまいやすい生き物なのだが、こうした数字のトリックにはまらないためには、生活の中の単位に換算して考えてみるという〝心理的換算〟を忘れないことも一つの手だろう。

＊高額の買い物には「このお金があれば、○○が何回できる」と換算すると浪費が防げる。

48 お金の話は、端数まで示すと信頼感がぐっと出る。

だいぶ以前のことになるが、ある都市銀行に薬局の店主が融資をしてもらいたいと言ってきた。いくらの融資が必要かと行員がたずねると、九十一万円だという。九十万円では足りないし、百万円では多すぎる。半端な額に思えるかもしれないが、当座は九十一万円あれば間に合うからそれだけ融資してもらいたいという。支店長にその決済を求めると、端数まで算出して融資してもらいたい額を決めるというその店主の経営姿勢を評価して、即座に融資を決めたということだ。金額の端数が信用を生んだのである。

お金の話では、金額の端数まで話の中に出すと、それだけで相手に与える信頼感が違ってくる。この薬局の店主の例でいえば、端数を出すことで、大きな信頼感を銀行に与えることができたのである。

お金を扱う場合、こうした端数の効用は見逃せないものがある。たとえば人のお金を借りたり、人からお金を預かったりしたときには、利息の一円、二円の端数まできちんと把握して話をする。会合やパーティなどで幹事役になったら、入金がいくら、飲食代がいくら、花代がいくらなどと、細かなところまで報告する。そうすると、それだけでお金にキチンとした人だということで、みんなの信頼を得ることができる。逆に、端数を省いて大雑把な会計報告をしてしまうと、いかにもルーズな人間に見られてしまいがちである。同じようにお金を管理しても、端数をまじえて話をするかしないかで、相手に与える印象が大きく違ってくるのである。

国会議員などには、ここらあたりの呼吸を心得ていて、国会でのやりとりに、やたら細かな数字を駆使する人もいるようである。この分野の昨年度の予算は何千何百何十万円で、建築資材の値上がりは何コンマ何パーセントだからといった調子で、とうとうとしゃべると、なかなかよく勉強している代議士だという印象を与え、話を聞く人の評価を得られるというわけだ。

しかしこの端数の効用は、自分のお金に対しては利用しないほうがいい。たとえば、自分の財布の中身を一円の単位までおぼえているなど、自分のお金の端数まで細かいと、かえって小人物だというイメージを生んでしまう。あの人はお金に対する度量が小さいということになるわけだ。この心理を逆用するのが詐欺師のやり口で、大金をせしめる詐欺師というのは、お金の端数などまるで問題にしない。私が口をきけば五億やそこらの金はどうにでもなる、とひじょうに大雑把になる。はした金など問題にしない大物だと、相手を信用させてしまうのである。

＊借金の申し込みは、わざと半端な額にすると信用されやすい。

49 自分よりはるかに上の人が、自分と同じレベルの金銭感覚をもっているのを知ると、その人に親近感を抱きやすい。

再建王として知られる大山梅雄氏が、昭和四十九年、津上再建に乗りだしたときのエピソードにつぎのようなものがある。再建に乗りだしたといっても、そのためには四百五十人もの希望退職者をつのるということが条件だったので、大山氏を迎える津上の社員たちは、敵意むきだしだった。

いってみれば敵陣に乗りこんだ大山氏は、まず労働組合の委員長を呼んで、こう言った。「パーティをやろう。きみたち二百円ずつ出しなさい。私も二百円出すから、ワリカンでやろう」

ワンカップの酒と、ピーナツなどのつまみが並ぶこの二百円パーティの席上で、大山氏は再建に対する自分の真情を語った。途中で、やめていく従業員の心中を思って、言葉がつまったりもしたという。すると、感動した一人の従業員が立ち上がり、「私は喜んでやめていきます」と叫んだ。このひとことで、険悪なムードが漂っていたパーティの雰囲気がいっきょに変わり、最後は新社長の胴上げまで行なわれたという。

このように、大山氏が自分に敵対していた従業員の心を変えさせることができたのは、その真情あふれる熱弁によるところも大きかったろうが、ワリカンの二百円パーティというアイデアで、従業員が心を開く下地を作っておいたことも見逃せない。

つまり、従業員にしてみれば、社長が開くパーティなら、もっと豪華なものであっても当然だという意識があったはずである。それが、自分たちにとっても安いと思える二百円をワリカンで出しあおうというのだから、驚くと同時に、大山氏をぐっと身近に感じたことはまちがいない。人は、自分よりはるかに上だと思っていた人が、自分と同じレベルの金銭感覚をもっていることを知ると、その人に親近感を抱きやすいのである。

これとは逆に、自分よりはるかに金銭感覚のレベルの高い相手とは、人はなかなか親しみにくいものである。それがときには、「金があるからといって、いつもグリーン車に乗らなくてもいいじゃないか」などという反発に変わることもある。

庶民宰相といわれた田中角栄氏なども、この点はよく心得ていたようで、ゲタばきスタイルをおおいにアピールしたものである。もし、これが高価なくつなら、たちまち庶民から反発をくらっていたにちがいない。上役が部下などとつきあう場合も、高級クラブに誘っておごるより、一杯飲み屋で肩を組んだほうが、部下もはるかにうちとけてくれるはずだ。

＊後輩や部下と飲みにいくときは、ときにワンランク下げた店にすると、親近感をもたれる。

50 自分から進んで自分の金の話をする人は、何か隠したいことを持っていることが多い。

詐欺師の話を聞いていると、自分がいかに金を持っているかということをトクトクとして話すことが多い。自分の実家はたいへんな資産家だとか、もうすぐ海外の取引き先から高額な契約金が送られてくるなど、相手から聞かれもしないのに、自分のほうから、こうした話題を持ち出す。そのためのきっかけづくりとして、わざと由緒ありげな懐中時計などを身につけておいて、相手に「ほう、珍しいものですね」と注目させることもある。

彼らは、いかにもフランクにこうした話をするので、その演技にダマされて、お金にこだわらない大物だと錯覚してしまう人がけっして少なくないのだが、自分のお金について、ペラペラしゃべる人は、ウソ八百を並べ立てている可能性が強い。

というのは、自分のふところ具合などというものは、ふつうは他人にはなかなか公表できないものだからである。一般に、人はだれでも、本来はこうありたいという願望をもっているが、ふところ具合でいえば、自分の期待水準よりも実際の収入は低いというギャップのあることが多い。このギャップが大きいほど、人は自分の現在の収入を恥ずかしく思い、人には知られたくないと願うのである。

ただ、そのギャップが大きすぎると、「私の年収なんてこんなものですよ」と、自嘲的にほんとうのことをもらすことがある。しかし、これも「まさか、こんなに低いとは、だれも信じないだろう」という計算が働いてのことだ。

また、公務員同士だと、平気でお互いの給料を見せ合うことがある。これは、公務員の場合、その人の能力や仕事ぶりに関係なく、勤続年数や職階によって機械的に俸給の額が決まってくるからである。しかし、その公務員たちも、「貯金はいくらあるか」などということになると、口をつぐむようになる。

このように、自分からは話しにくいお金の話を平気でする場合、その人は何か隠したいことをもっていることが多い。詐欺師のように、人をだまそうという下心や悪意がなくても、自分を実際以上に大きく見せたいという無意識の願望から、大きな話をする人もいる。これは、ヒステリー性格の人に多いのだが、ときにはウソをついている自覚がなく、現実と願望をとりちがえていることもある。いかにも気前よく金を使ってみせるので、お金持ちだと思っていたら、じつは借金でそういう贅沢をしていたというケースも珍しくはないのである。

＊社長が、自分の会社は景気がいいというときは、経営不振ではないかと疑ってみたほうがいい。

51 どんな金額のお金にこだわるかということは、その人の大物の大小を測るものさしにされやすい。

日本の政治家というと、与党・野党を問わず、派閥活動に明け暮れているが、総理大臣にも影響力があるほどの大物政治家でいながら、ついに派閥活動とは無縁で終わった人がいる。その政治歴からいっても、一派を率いる親分になってもおかしくなかったのだが、ある政界通にいわせると、彼は親分になりたくなかったのではなく、なろうとしてもなれなかったのだという。

というのも、その大物政治家は、細かいお金にもこだわるような人だったからである。あるとき、彼のこんな行動を目撃した人がいる。彼が議員会館の自室で歳費の袋をあけ、中身を一枚一枚数えていたところ、一円玉が一枚机の下に転げ落ちた。彼は、机の下にもぐりこんで、この一円玉を捜しまわったのである。この話がウソかマコトかは知らないが、こうした一円玉を捜すような行動をしていては、親分の器ではないと他人から判断されても仕方ないだろう。細かいお金にこだわる人は、人間の器も小さいというイメージをもたれやすいのである。

もっとも、本来からいえば、こうしたお金に対する感覚は、その人の人間の器量などというものとは関係ないはずだ。たとえば商売で、一個の値段が十円、二十円という小物を扱っている人にとって、一個について一円をまけるかどうかということは、大きな問題になる。けっして、たかが一円ではすまされないのである。だから、こうした人を「一円にこだわる小人物だ」とあげつらうのはおかしなことなのだが、そうしたイメージを持ってしまいやすい人が少なくないのも事実である。

このように、人は、どういう金額のレベルの金にこだわるかということで、相手の人間性の大小を測ってしまいやすい。たとえば、財布の中身をいちいち気にせず、平気で札ビラを切る人は、大物イメージがつきまとう。また、人が相手を大物か小物かを判断する基準は、その人の金銭感覚に左右されるところが大きい。一円の単位まで、自分の財布の中身をおぼえている人にとっては、一万円札をあまり気にせず使う人が、大きく見えるのである。

もっとも、ささいな金額を気にする場合でも、それなりの合理的理由がつけば、その人の人間性の評価には影響を及ぼさないこともある。たとえば、ワリカンを主張する人は、お金にこうるさい小人物だとしばしば思われがちだが、「自分は、どんな場合でもお金の貸し借りだけは絶対にしないことにしている」などという理由があれば、かならずしも小人物だとは思われない。しかし、その人が「包みは五円少なかった」などと言うと、たちまち評判は下落するのである。

＊平気で札ビラを切る〝大物〟は、かならずしも大人物とは限らない。

52

たとえ少額でも、一度金を受け取ると、大金を受け取る抵抗感は薄れる。

公務員の汚職事件がしばしば新聞の社会面をにぎわすが、汚職金額を見ていくと、その金額の小さいことに驚くことがある。何千万円ということはまずなく、せいぜい多くて二、三百万円程度、ときにはわずか十万円というケースもある。

ちょっと考えると、そんなハシタ金で、自分の一生を台無しにしてしまうのは不思議なことである。汚職事件にひっかかる人は、よほどお金に意地汚ないのではないかと感じられてくるほどだが、じつは、彼らのほとんどは、金に汚ないから汚職したのではない。汚職したという意識がなく、告発されてはじめて、自分は汚職をしてしまったと気づくケースが多いのである。

もちろん、汚職をした公務員たちも、汚職をすればわが身を滅しかねないということは十分に心得ていたはずだ。にもかかわらず、つまらない額の汚職にひっかかってしまうのは、それがつまらない額だったからである。

たとえば関係業者から、ポンと一億円積まれたら、だれでもそれを受け取ることにためらいを感じるだろう。一億円が百万円になっても、事情はそう変わらない。しかし、これがちょっとそのへんでビールでも一杯、ということになると話はちがってくる。汚職というより、社交的なもの、社会的慣習として受けとめやすいのである。しかも、一度受け取ると、次回からは、もっと高価な贈り物をされても、それを受け取るときの抵抗感は、ぐっと低くなる。人はだれでも、自分のまわりに心理的垣根を築き、自分を守ろうとしているが、いったんその垣根の内側に足を踏み入れられてしまうと、垣根はいっぺんに取り払われてしまう傾向があるのである。

また、一度いい思いをすると、人間の金銭感覚は簡単にマヒしてしまいやすい。グリーン車に乗るのは贅沢だと思っていた人が、一度でもグリーン車に乗って、「やはり体にラクだ」などと味をしめてしまうと、次からはグリーン車に乗るのがそう贅沢に感じられなくなってくるのである。汚職公務員にも、そうした金銭感覚のマヒが起こって、最初はビール一杯でも後ろめたく感じていたのが、高級洋酒でも平気で受け取るようになってしまうのだろう。

ある官僚に聞いた話だが、その点、下心のある業者は、じつに巧みに取り入ってくるそうだ。たとえば、その官僚がゴルフが好きだなどと聞くと、ゴルフバッグをさっそく持ってくる。それも、「私もゴルフ好きで、ずいぶんゴルフバッグを買ってしまい、じつは自分でも持て余しているので、ひとつもらってください」などと、言葉巧みに持ちかけるのである。

＊「受けとってもらえないと自分が困る」と言い方をすると、相手に金品を受けとらせやすい。

53 失意のときや、どん底にいるときに受けた金は、たとえそれが少額の金でも〝大きく〟感じる。

現在、中堅の洋画家として活躍しているある人物から聞いた話だ。若くて貧乏暮らしをしていたころ、自分でも買ってもらえるとは自信のない絵を、知り合いの画商のところへもち込んでみた。その画商はしばらくその絵をながめてから、予想をこえたお金を出した。画商としては、その絵に対してというよりも、その画家の将来性に対して支払ったわけだが、ともかくそのお金で、とりあえず飢えずに暮らすことができたのである。

もちろん、その画商は、いくらその人の将来性を買ったといっても、その絵にそうたいしたお金を出したわけではない。その画家にしても、今ならその値段よりもはるかに高い値段で絵が売れる。しかしその画家にとっては、今でもその画商に買ってもらった値段が、ずいぶん大金だったかのように思い起こされるという。その画商とは、世に名をなすようになった今でも恩義を感じ、どうしてもほかより安く絵を売るのだそうだ。

人間のもっているお金に対するものさしは、状況によっていくらでも変わる。お金の額が同じでも、それを大金だと感じるときもあれば、そうは考えないときもある。この画家にしても、貧乏画家の時代には大金だと感じたお金を、今ではむしろ少額だと思って受けとるのである。こうした人間の微妙な心理は、失意のときやどん底のときを経験した人ほどよくわかる。

自民党の幹事長時代の田中角栄氏は、自民党の選挙戦の全体指揮をとるかたわら、落選した代議士のところには、派閥のいかんを問わずに金を届けたという。「今回の選挙は残念だったが、次回はこれにめげず頑張ってくれ。しばらくはこの金で静養すればいい」と、幹事長としての激励を送ったわけである。いくら海千山千の代議士でも、やはり落選のショックは大きい。物心両面で窮地に陥っているときだけに、田中氏からのこの金は、送られた当の代議士に深い感銘を与えたのである。こうした行動が、田中氏を「おやじ」として慕う田中派の形成に大いに役立ったことは想像にかたくない。

もし田中氏が、当選した代議士に同じ額面の金を送ったとしたらどうなるだろうか。当選祝いとして、多くのほめ言葉やお祝いの中にまぎれてしまい、さほどの感銘も相手に与えずに、そのうち金を届けてもらったことすら忘れ去られてしまいかねない。困窮してこそ金のありがたみが身にしみる。同じ金額でも、相手によってはその大きさの感じ方がちがってくる。さすがに苦労人の田中氏は、こうした人間の心理のアヤをよく心得ていたといっていい。

＊結婚や栄転などの祝いごとより、不幸や病気のときにお金を多めに包むといい。

54

たとえ給料が安くても、納得できる理由があれば、人はそれで満足しようとする。

私の友人が言うのに、春闘の季節がくるといっも不思議に思うのが、航空会社のスチュワーデスたちのストだそうだ。スチュワーデスたちは、一般の女性労働者にくらべてはるかに高給をとっているにもかかわらず、それに満足しないで、なぜ高額のベースアップを要求したりするのだろうというのである。

これは、スチュワーデスたちが、特別に欲が深いとかそういうことではない。高給をもらっていても不満が出るのは、人は一般にものごとを考えるとき自分の現状や既得権をベースにするという心理法則があるからである。つまり、すでに高給をもらっている人にとって、それはけっして高給なのではなく、あたりまえのこととして受けとめられるのである。そのため、待遇などに不満があると、今の高給にさらに上乗せをしてもらわなければワリに合わないと考えるようになるわけだ。たとえば、私が最初にいた千葉大の教育学部の校舎は、明治以来のオンボロ木造建築だった。研究室は大部屋で、暖房は火鉢というありさまだ。それが同じ木造でも、研究室は個室でトイレは水洗という校舎に移ったときは、私はそれだけでもありがたく思えたものだ。

ところが、最初からこの校舎にはいってきて、以前の状態を知らない学生は、「なんだ、ここは木造校舎じゃないか」とがっかりする。昔を知っている人なら、「とてもよくなった」と賛美する建物でも、「なんだ、木造じゃないか」と不満が出るのだ。その後、校舎も鉄筋建築に建て替えられた。暖房もセントラルヒーティングがはいるようになった。火鉢のころにくらべれば、天国なのだが、その新築校舎に対して、新しく来た学生は、「冷房がない」と不満をもらすのである。建物は同じでも、見る人の意識が違うだけで評価はかくも異なる。これはあとからはいってきた者にとって、すでにあるものが、当然として映るからである。

人間は誰でも、自分を取り巻く状況にはつねに不満を抱き、とどまるところを知らない。だから、いくら給料が上がったところで、満足は一時的なものにしかすぎず、ベースアップした給料がいつか〝現状〟になれば、「こんな給料では納得できない」と、すぐにまた要求が始まる。

要するに当人の主観的な条件が、欲求不満のみなもとなのだ。これは逆にいえば、当人の主観を変えてやれば、ある程度不満や欲求は解消できるということでもある。たとえば、給料がひじょうに安い劣悪な条件でも「仲間はみんな同じだ」とか「この業界はぜんぶそうだ」などと、納得できる理由を与えてやれば、給料への不満も和らいでしまうのである。

＊従業員の賃金への不満を抑えるには、賃金を上げるより、安い理由を説明する。

55 人の金銭感覚は、時代によって簡単に変わってしまう。

「浪費は美徳」ということが盛んに言われたのは、そう以前のことではない。一時は、ちょっとでも古くなったものはどんどん捨て、新しいものを買うことが、まさに美徳とされた。「まだ使えるから」とか「捨てるのはもったいない」などと古くなったものでもだいじにしようとする人は、何か後ろめたささえ感じたほどである。

それが、今ではどうだろう。「浪費は美徳」などというのは、はばがられる雰囲気になっている。もちろん、一方では日本の社会全体が豊かになって、使い捨てをなんとも思わなくなっている面がある。たとえば、穴のあいたくつ下をつくろってはく人は、まずいないだろう。穴があいたら、ほかはまったくいたんでいなくても、用済みとなって捨てられてしまう。

その反面、割りバシを使い捨てするのは資源のムダ使いだという運動が起こったり、家電メーカーでも、消エネを売り物にしたクーラーや、節水をうたった洗濯機などを売り出して、消費者にアピールしようとしている。そうしたムードの中で、「浪費は美徳」などと言えば、反発を買うだけだろう。

考えてみれば、日本には「贅沢は敵だ」という時代もあった。もちろん、こうしたスローガンは、国家や企業などから与えられたものだが、このように人は、ちょっと時代が変わると、そうしたスローガンを受け入れ、自分の金銭感覚までコロリと変えてしまうのである。

これは、ある集団に属していると、人は無意識のうちに、その集団の価値基準に自分を近づけようとするからである。たとえば、黒闇の中で一点の光を見せると、止まっているはずの光が動いて見える。これは生理的な反応だが、光の動き方の幅は人によって違い、大きく動いて見える人もいれば、あまり動かない人もいる。こうした人たちを集め、それぞれどのくらい動くかを言わせたあと、また光を見せると、今度はまえとは見え方がちがってくる。前回大きく動いて見えた人はそれより小さく、小さかった人は大きくと、平均的な数字に近づいてくるのである。

このように、人は、ある集団の中にいると、その集団の影響を強く受けてしまうのである。とくに日本人の場合、他人志向性が強いので、全体が右を向いているのに、一人だけ左を向くというのは、なかなかできないことなのだ。もちろん、こうした他人志向の強い人でも、他から押しつけられて自分も右を向くのだとは気づいていない。あくまで、自分の意志で右を向いているのだと錯覚しているからこそ、右と言われれば右に突っ走ってしまうのである。

＊「みんなが買っている」と言えば、買う気のなかった人にも財布を開かせやすい。

❹ 売る・買うの心理術

なぜ、高いものを安いと錯覚してしまうのか

56 目に見えないものに対しては、どんなに価値のあることでもお金を払うのが惜しくなる。

カウンセリングとは、ご存じのように、心の悩みを持つ人に対して、対話によって悩みの解消をはかろうという療法だが、私の知人のカウンセラーによると、カウンセリングを受ける患者の中には、「話をしただけで、どうしてお金を払わなければならないのか」と、露骨に不満を表わす人が少なくないそうだ。なるほどこの治療法だと、投薬もなければレントゲンのような検査もない。つまり目に見える形で治療が行なわれないのである。

一般に日本人は、目に見えないものにお金を払うという習慣がない。お金を払うのは、あくまで目に見えて、手に取れるもの、たとえばクルマとか家などに限ってしまう。この傾向はとくに女性に強いようで、宝石とか毛皮など、具体的な形を持っているものには強い関心を示し、高額のお金を払うこともいとわないが、経営のアドバイスなど、具体的な形をもたないものにたいしては、たとえ価値の高いアイデアでも、お金を払うことを渋るのである。

アメリカでの笑い話にこんなものがある。クラス会に出席したところ、医師になった男がいた。その医師に「どうも最近胃の調子が悪いんだがね」と話しかけると、「ひょっとすると胃かいようかもしれないから、専門医に診てもらうといいだろう」とのことである。数日後、なんとその医師から診察料の請求書が届いた。頭に来た男は、友人の弁護士に電話をして、「なんて友だちがいのない奴だ」とぶちまけたところ、弁護士は「法律的にいったら、そいつは払っておいたほうが無難だね」と答えた。弁護士から相談料の請求書が来たのはその翌日である。

こんな笑い話があるほど、アメリカでは無形のものにもお金を払う習慣があるわけだが、日本にはそれがない。あいかわらずNHKの受信料の支払いを拒否する人が少なくない。これは、思想的に確固たるものがある人は別にして、やはり電波という目に見えないものにお金を出すことについて、心理的に納得できない人が多いからだろう。

その点、いつも感心させられるのは広告会社のやり方だ。彼らが企業に売っているのは、アイデアという無形のものだが、アイデアを企業に持ちこむときはかならず、企画書を手にしてである。それも、きちんとタイプをして表紙もつけたりっぱなものである。これも、アイデアという無形のものにお金を出させるには、企画書という目に見える形にする必要があると計算してのことだろう。どんなにすばらしいアイデアでも、口で説明して相手に伝えたときは、相手がそのアイデアに感ずる心理的価格はゼロか、ゼロに近いものになってしまうからだ。

＊企画などの売り込みは、電話より書類を送ったほうがいい。

57 非日常的な要素が多い商品ほど、気軽に衝動買いされることが多い。

テレビでの通信販売に人気が集まっているそうだが、先日、たまたまテレビを見ていたら、なんと〝坐ったままで体操ができる椅子〟という商品を紹介していた。ずいぶんおかしなものを考え出す人もいるものだと、驚くやらあきれるやらしたのだが、こうしたおかしなものを、テレビでながめただけでポンと買ってしまう人がけっこういるらしい。

通信販売というと、本家のアメリカでは、こまごました日常生活用品まで、カタログを見ては気軽に注文するが、それに対して日本では、いくら便利だといっても、そこまでする人はなかなかいないようだ。これには国情のちがいもあるが、日本人は生活必需品を買うときは、自分の目や手で実物をたしかめ、納得してからでないと買わないからである。そのため、通信販売で扱っている実際の商品を並べたショールームに、わざわざ足を運んでくる人も少なくないそうだ。

このように、ふだんの買い物では慎重になる人でも、〝体操のできる椅子〟のようなものは、実物が確認できない通信販売で気軽に買ってしまいやすい。実際、新聞などの通信販売の広告を見ると、この椅子に近いものが多い。一時ブームになったルームランナーや美容洗顔器も、通信販売で売られていたものである。

なぜ、こうしたものはろくに現物を見もしないで買ってしまうのかといえば、それが非日常的なものだからである。つまり、なくても、いっこうに困らないというものなのである。

人は、このようになくても困らないものに対しては、吟味の目もゆるやかになる。機能を重視しているわけでなく、なんとなく「あればいいな」と考えているのだ。こうした心の隙間があるため、品質や機能と値段がつりあうかどうか、あまり深くは考えない。要するに、「どうでもいい」という心理が働くので、つい財布のヒモをゆるめ、衝動買いをしてしまうというわけだ。

最近は、若い人たちのあいだで、非日常的とか非日常性という言葉が好んで使われている。非日常的なものへの志向が強いわけだが、たとえば彼らの分類によれば、スキーツアーは日常的なものであるのに対して、温泉旅行は非日常的なものなのだそうだ。だから、スキーに出かけるときは、グリーン車など絶対に乗らない彼らが、温泉旅行にはグリーン車を選ぶ。これなども、非日常的なものに対しては、ふだんと金銭感覚の尺度がちがってくる例だが、近ごろは、こうした若者の温泉旅行が流行しているという。もちろん、趣味に関する買い物はちょっとちがい、音楽好きなら、レコード一枚買うのにも吟味を十分にするはずだ。

＊商品に高価な値段をつけるには、どこかに〝遊び〟の部分をつけ加えておく。

58 予算を決めて買い物に出かけても、ちょっといいものを見ると、予算オーバーはあまり気にならなくなる。

予算とはつねにオーバーするためにあるなどと言うと、決算報告の言いわけみたいだが、これは人間心理の面から見ても、ある程度当たっている。

ふつう私たちは、まとまった大きな買い物をするとき、パンフレットやチラシなどを見ながらさんざん思い迷ったのち、「これにしよう」とか、「このくらいの予算の範囲内にしよう」と自分を納得させてから出かける。ところが、いざ店に行ってみると、予定したものよりもうちょっと上のクラスのものに目が移ってしまうことが多い。この〝ちょっと上〟というのが、なかなかのクセものである。

たとえば、女性が二十万円の予算で真珠のネックレスを買いに行ったとしよう。店に行ったら、二十二万円のものに目がとまった。二十万円のものにくらべて、やはり色もいいし、粒の大きさもちがう。くらべると、二十万円のものがどうしても見劣りしてしまうのである。このとき、いいと思ったネックレスの値段が三十万円なら、ちょっと手が出せないとあきらめもつけやすいだろうが、二万円くらいの予算オーバーだと、どうしてもいいほうが買いたくなり、つい予算を越えてしまうわけだ。つまり、頭の中で、二万円という金額の差と、品物の価値のちがいを計算し、バランスがとれていたら高いほうを選んでしまうのである。

こうした人間心理を逆手にとった仕事をしている不動産屋もいる。たとえば、五万円のアパートを探しているお客に、条件の悪い五万円の部屋をいくつか見せる。まったく日が当たらないとか、駅から遠かったりというような具合である。

そのあとで、「少々お高くはなりますが」と六万円台の部屋へ客を案内する。今度は、午前中は日が当たるとか、駅から徒歩十五分など、多少は条件がよくなっている。しかし、この多少の差が、客にとってはずいぶん違うように感じられるのだ。ちょっと予算がオーバーしても、客は六万円の部屋に決めてしまう。

こうした〝ちょっと上〟のものを見せ、高いものを抵抗なく買わせるやり方は、随所に見受けられる。ネクタイを買いに来た客に、最初にあまりにも高価なものを見せてはいけないと、デパートなどでは売り子を教育している。自分の想像よりもはるかに高い金額のものだと、自分の予算のものが貧相に見えるので、かえって客は買わないというわけである。

＊人にものを売るときは、客の心づもりよりもちょっといいものを見せると効果がある。

59 同じ値段でも、白い紙に書かれたものより黄色い紙に書かれたほうが安く感じる。

先日、デパートを歩いていたら、女子大生らしい数人のグループとすれちがったのだが、その中の一人が話していたことが、ふと耳にとまった。「バーゲンセールのときに、黄色い紙のビラを売り場に貼るでしょう。私、あれを見ると、すごく安くなっている感じがして、ついのぞいてしまって、いらないものを買い込んでしまうのよ」というのである。

これは、心理学的に見てひじょうに興味深いことである。一般に、黄色というと、あまりいい連想がわいてこない。「黄ばんだ」とか「くちばしが黄色い」というように、あまりいい意味には使われない。本に使う紙など、上質なものの本来の色は白でなく、ちょっと黄色っぽい色なのだそうだが、そのままの色だと安っぽい感じがするので、定価の高い本には、わざわざ漂白して白くした紙を使うという。また、アメリカでも、ゴシップなど興味本位の記事が中心の大衆紙を「イエローペーパー」といって軽蔑する。

クルマなどを見ても、黄色いクルマには、ほとんどお目にかからない。日本人に圧倒的人気があるクルマの色は白で、六割以上の人が白いクルマを買いたがるという。以前、都バスが黄土色になったことがあるが、大不評をかってあわてて色を変えたこともある。

このように、黄色には、安っぽいとか低級というイメージが働くので、先の女子大生のように黄色い紙に値下げした価格が書いてあったりすると、それだけで特別に安いと感じてしまうのだろう。この色による視覚のトリックは、なにも黄色だけではない。

デパートのバーゲンセールなどでは、従来の正価に赤い線を引き、その横にあらためて値引価格をわざわざ手書きで書き込むことが多い。これは、活字で印刷された数字は、それを見る人の目には公式的なもの↓権威あるもの↓高いと映る。それを、人目を引きつける色である赤い線で否定し、新価格が手で書かれていると、その値段が非公式なもの↓特別なもの↓安いという連想が働き、同じ値段でも、印刷されたものよりは手書きのもののほうが、特別に安くなっているように見えてしまうことを狙っているわけである。

こうした視覚によるトリックは、じつに単純なものが多い。単純ではあるものの、視覚的なものはパッと目に飛びこんでくるからこそ、強力に人を引きつける。その仕掛けに人はまんまとはまりこんでしまい、さして安くないものをひじょうに安いと感じて、ついお金を払ってしまうのである。

＊安売りでは、値札の書き方ひとつでも売行きが違ってくる。

60 お金の交渉は、最初に厳しい条件を出されると、不利な条件でも有利に見えてくる。

毎年、国家予算の配分をめぐって、大蔵省と各省庁のあいだで、虚々実々の駆け引きが行なわれている。最初に、各省庁が予算を出したときは、新規の増額分は、かならずといっていいほど大蔵省にバッサリ削り落とされるそうだ。

そこをスタートに、復活折衝が始まるわけだが、こうしたとき、当初の各省庁の要求額よりは少ない額でおさまることが多い。大蔵省にしてみれば、相手の言いなりにならず、予算配分の主導権を握っているのだというメンツが立つし、各省庁にしても、ゼロにされたものをいくらかでも獲得できたということで、こちらもそれなりのメンツが立つのである。

こうした交渉のテクニックは、相手に厳しい条件を飲ます手段として、よく用いられている。たとえば、ヤクザが人を脅して金を巻きあげるとき、最初に法外な金額を切り出してくることが多いそうだ。うっかりヤクザのクルマと接触しようものなら、ちょっとしたヘコミができたくらいでも、最初は数百万円もの修理費をふっかけてくる。それが「まあ今回は、お互いさまということで百万にまけといてやるわ」などとなると、被害者はホッとして、百万円ですむなら言いなりにしようとなるのである。もちろん、百万円でも法外な値段ではあるものの、最初の数百万円にくらべたら安いものだ、と思ってしまうのだ。

このように不利な条件にもかかわらず、それを有利な条件だと思ってしまうのは、最初にもっと不利な条件を出されているからにほかならない。ここで、心理学でいう〝対比効果〟が働いて、「あれにくらべれば、こちらはまだまし」と損得勘定をするわけである。

海外での買い物でも、これに似た心理が働くことが多い。海外での買い物は、かならず値切ってから買えとよく言われるが、私も、東南アジアなどへ行くと、いくら値切れるかが楽しみで買い物をすることとか多い。

たとえば、二十ドルという値札のついた商品を、十ドルくらいなら買ってもいいと思ったとき、「五ドルなら買うが」「いや、十五ドルでしか売れない」などと値切り交渉を始め、駆け引きのすえに、最終的に、十一・五ドルあたりで手を打つことが多い。最初に思った十ドルよりは高くても、二十ドルのものを十一・五ドルにまで負けさせられたということで、大いにトクした気分を味わうとともに、自分の交渉力に自信を持つ。しかし、敵もさるもの、隣の店では同じ商品に九ドルの値札がつけられていて、ガッカリすることもあるのである。

＊値引き交渉では、まず最初に、とても相手が飲めそうにない低い数字を提示してみる。

61 高級イメージの周囲にあるものは、たとえ安物でも高級そうに見えてくる。

ポルシェといえば、有名な西ドイツの高級スポーツカーメーカーだが、最近、この〝ポルシエデザイン〟なるサングラスや腕時計が人気を集めているそうだ。ポルシェは本来自動車メーカーで、眼鏡や時計を作っているわけではない。しかし、ポルシェという名の高級イメージは、世界中にとどろきわたっており、ポルシェの名を冠すれば、時計でもサングラスでも群を抜いた高級品に見えてくる。ポルシェを買えるほどのお金を持たない人でも、腕時計やサングラスなら、かなり高くとも購買欲をそそられるのである。

こうした商法が可能なのは、人は誰でも高級イメージの周囲にあるものは、その実際の内容にかかわらず高級に感じてしまう心理を持っているからだ。たとえば新聞広告などで、一流企業にまじって、無名の企業が広告を出していたりすると、その無名の企業をうさんくさいとは思わず、有名ではないがしっかりした会社だという印象を受ける。また、バカチョンカメラの時代になって、かつてカメラの王座を占めていたニコンが苦戦を強いられているそうだが、その理由の一つに高級イメージがあるのではないだろうか。ニコンといえば、日本だけでなく世界的高級ブランドだったわけだが、そのために、安くて手軽なバカチョンカメラを要求しているユーザーから、「ニコンは大衆的でない」と敬遠されているようにも思えるのである。

周辺にあるものは安物でも高級に感じられてくるのとは逆に、安物の周辺にあるものは、たとえ高級品でも安物に感じられるということがある。たとえば安売りで知られたダイエーでは、現在、安物だけを売っているわけではない。しかし、一度大衆向けというイメージが定着してしまうと、人はそこに高級品を期待しなくなるのである。

このように、人の記憶にいったんあるイメージが定着してしまうと、それを変えさせるのはひじょうに難しい。そこで、一部のメーカーは、こうした消費者の心理に逆らうことなく、従来のブランドを思い切って捨ててしまい、まったく新しいブランド名で商品を売り出すということもする。たとえば、「テクニクス」というステレオが売り出された当初、これが松下電器の製品だと知っている人はひじょうに少なかった。これも、松下電器は家電メーカーとして有名だが、ことステレオという趣味の製品になると、この有名なナショナルブランドがネックになってしまう。そこで、松下電器は、ナショナルという名称をほとんど全面に出すことなく、「テクニクス」一本やりで、高級でイメージ化をはかったというわけだ。

＊売れない商品は、思いきってネーミングを変えてしまうのも手。

62 納得できる理由さえあれば、安物でも値打ち品に思えてくる。

最近、西武流通グループの「無印良品」が、数百億円の売り上げを計上する大ヒットとなっている。この無印良品は、その商品がなぜ安くなっているのか、その理由を堂々と明示して売っているところがミソだ。たとえば、割れてしまったクズシイタケに、「形は悪いですが、品質には変わりありません。その分お安くなっております」といった意味のただし書きをつけ、通常のシイタケよりすこし安い値段をつけて堂々と販売している。

ふつうなら、割れてしまったクズシイタケなど商品にはならない。それを商品として立派に通用させたのはみごとだが、この無印良品が大ヒットしたのも、ひとつにはその商品が安い理由を明示して、消費者の心理を納得させているところにあるといえよう。すなわち「わけあって安い」である。

かつて、アメリカのレンタカー会社エイビスは、業界ナンバー１のハーツを追撃するため、ナンバー２であることを徹底的にアピールする戦略に出たことがある。ふつうなら、自分の会社が一番であるということを主張するものだが、エイビスは、「わが社はいまだにナンバー２です」

と公言し、かつ「だからこそ、最高のサービスにつとめます」と訴えたのである。この戦略は大ヒットし、エイビスの利用者は急増した。この戦略が成功したのは、「最高のサービス」をする理由、すなわち業界二位であるということが、堂々と明示されていたことだ。顧客は「わが社はいまだにナンバー2です」という言葉に、なるほどそれなら「最高のサービスにつとめる」だろうと、納得したのである。これなども、「わけあって安い」というのと同じ心理作戦といえよう。

要するに、人は、その商品が安いなり、高いなりのいずれにせよ、納得できる理由があれば、安心してお金を払ってしまうものなのだ。私は昭和二十年代からのオーナードライバーだが、当時の私は生意気にも、アメリカ車に乗っていた。しかし、さすがに当時のアメリカ車は高価で、新車を買うだけのお金はとうていないので、もっぱら中古車専門であった。

いくらアメリカ車とはいえ、やはり中古車だと新車に比べてひけ目がある。そこで考えるようにしたのが、「新車を買っても、一度乗ってしまえば中古車だ。誰もそれを新車と錯覚して乗っているだけ」ということと、「私が乗るまでに、他の人に慣らし運転をさせておいたのだ」ということだった。このように考えて納得すると、ひけ目がなくなり、気持ちよくクルマに乗ることができるようになったのである。

＊商品にならないキズモノも、キズモノということを堂々と宣言することで立派な商品になる。

63 人は金銭的負担でその負い目を解消しようとする。相手になんの義理がなくても、負い目を感じると、

外国旅行の手引き書を読むと、どんな本にもかならず「欧米で買うつもりもないのにお店の中にはいったら、かならず店員に〝見るだけ〟と断わること」ということが書かれている。「見るだけ」と断われば、店員も納得して放っておいてくれるというわけだが、日本人にとって「見るだけ」と宣言するのは、なかなか勇気のいることではないだろうか。

私たちは店の中にはいると、何か買わなければいけないという一種の心理的負い目を店に対して感じやすい。何かを買うつもりではいった場合でも、そこに気に入るものが見当たらず、手ぶらで出るようなときは、何か悪いことをしたようなひけ目を感じることが多い。

品物を探しているときに店員が話しかけてくると、ひじょうにわずらわしいと感じる人が多いのも、この負い目、ひけ目のためである。店にはいったからには何か買わなければいけないと思っているからこそ、「何をお探しですか」「こちらはいかがですか」などと声をかけられると、自分の負い目に追い打ちをかけられるのでひじょうに不愉快になり、ときには「買い物をするしないは客の自由ではないか」と、怒りの表情で店を出ることにもなるわけだ。

このように、人は「見るだけ」に強い抵抗を感じるわけだが、こうしたひけ目を解消するために、何か手ごろな買い物をする人も多い。たとえばカメラ屋だったら、フィルターやフィルムなどを買ったりするわけだ。私なども、時間つぶしにデパートに行ったりすると、とくに必要はないのに、ついネクタイやゴルフボールなどを買ってしまうことがある。これも、何も買わないというひけ目を解消するためだろう。

東京のある高級ブティックでは、こうした客の心理を読んで、出口の近くに千円前後の値段のちょっとした小物を置いているそうだ。店にはいって、ながめるだけの客は、出口で小物を見つけると、ホッとしたように手に取るそうで、これら小物の売り上げがなかなかバカにならない金額なのだそうだ。

セールスマンは、「雨や雪の日こそチャンスだ」とよく言う。これも、ドシャ降りの日に客の家に足を運ぶことで、相手に心理的に負い目を与えようという作戦にほかならない。最初は買う気のなかった人でも、セールスマンが足繁く通ってくると、しだいに「何も買わないと相手に対して悪い」と、借りを返す心境になるわけだ。もちろん店にはいったり、セールスマンが来たら、何か買わなければならないわけではないが、人はこうした借りの感情には弱いのである。

＊買う気のない客でも、足繁く通うことで攻略できることがある。

64
商品の中身の優劣よりも、パッケージで高いか安いかのイメージが決まる。

人は商品を買うとき、その中身の実際の優劣よりも、パッケージで高いか安いかを判断する傾向がある。同品質、同価格の商品でも、スーパーの袋にはいったものと、デパートの包装紙で包まれたものとでは、どうしてもデパートのほうが品質、価格ともに高いという印象を受けてしまう。

商品の中でも、医薬品や化粧品のように原価と製品価格のあいだに開きがあるようなものは、とくにこのパッケージング効果が高い。こうした商品は他の項目でもふれたように、価格を高く設定しないと売れない傾向がある。そのため、薬や化粧品のパッケージには、いかに高級な薬用成分が含まれているかを強調する表示をすることが多い。消費者は、その薬や化粧品の中身である錠剤やクリームだけを見ても、どういうふうに高級なのか判断することは不可能に近いから、このパッケージングが大きな効果を発揮するわけだ。

とくに女性用化粧品になると、このパッケージのデザインがものをいう。同じ内容のハンドクリームでも、質素な容器にはいっているものよりは、高級感のあるデザインの容器にはいっているクリームのほうが、どうしても高級に見えてしまうのである。容器だけにかぎらず、そのメーカーの企業イメージ、ブランド名、外国製などといった要素もこのパッケージングイメージといっていいだろう。

また、一時ブームだった高級インスタントラーメンなども、そのパッケージで成功したといえよう。高級ラーメンといっても、従来のインスタントラーメンと味がまったくちがうというわけではない。せいぜい、ひと味おいしいとか具が豊富だということくらいで、インスタントラーメンであることに変わりはない。しかし、従来のものと包装材料を変え、デザインも高級感をもたせるなど工夫をこらした結果、消費者も従来のラーメンよりうまいと判断をして、これに飛びついてきたというわけだ。

もちろん、こうしたパッケージ戦略には、批判の声もある。ある調査によると、一つのパッケージ商品を消費者に見せると約八割が、パッケージにお金をかけすぎていてムダだと答えるそうだ。しかし、それと同じパッケージと、それよりお金のかかっていないパッケージを見せて価格をつけさせると、お金のかかったパッケージのほうに高い値段をつけるという。理性ではパッケージ批判をしていても、パッケージ効果から逃れられない心理が人間にはあるのである。

＊安酒をうまいと思わせるには、高級酒のびんに入れておく。

65 高級品が買われるのは、それが質がよいからではなく、値段が高いからである。

化粧品が高すぎるといって消費者団体が問題にし、百円化粧品などというものが登場したことがある。もちろん、ある大手化粧品メーカーが主婦向けに、低価格の化粧品を売り出したことがある。もちろん品質には問題がなく、宣伝などを通じてそのことを強調したにもかかわらず、この低価格化粧品はまったく売れなかった。

しかし、同じ製品を容器のデザインだけを変え、定価をぐっと高くつけたところ、今度は飛ぶように売れたのである。化粧品は高すぎると思っている当の主婦たちが、安い化粧品には見向きもしなかったというわけだ。

このように、化粧品だけに限らず、宝石やファッション性の強い洋服、アクセサリーなどは、どんなに品質がよくても、それだけでは消費者の心をつかむことができない。こうしたものは、実用的価値ということは、ほとんど問題にされないからで、高価格という要素が加わって、はじめて心理的価値が生じてくるのである。この点が、洗剤やティッシュペーパーなどとは大いに違うのだ。

つまり、「自分は高価なものを使っている」「高級品を身につけている」といった満足感こそが、買い手にとってはだいじなのだ。若い女性のあいだで大人気だったあるスポーツファッションのブランド品が、バーゲンセールに出るようになったところ、一気に人気が凋落し、若い女性から見向きもされなくなったという例もある。

こうした価格にともなう心理的価値感のために、人は、その感覚でさえゆがめてしまうこともある。私の友人にいたずら好きの男がいるが、彼が三十年ものの高級スコッチウイスキーのびんに、ふつうの安いスコッチを入れてお客に出したところ、全員が「さすが三十年ものは、味の深さも香りもちがいますね」と感心し、ごまかしに気づいた人は一人もいなかったという。また、ジョニ黒なども、かつて値段が高かったころはけっこうありがたがって飲んでいたものだが、安く手にはいるようになった最近では、「それほどおいしくない」という人まで出てきている。

つまり、ふだんはいいものをすこしでも安くと心がけている人でも、値段が高い〝高級品〟となると、とたんに歯車が狂ってしまいがちなのである。考えてみれば、値段が高ければいいものだと思うのは、あまりにも短絡的な思考パターンではあるが、人はこの思考パターンから逃れられず、ほんとうに高級かどうかわからないものに大金をはたいて惜しくないと思うのだ。

＊生活必需品以外のものは、すこし高めに値段をつけたほうが売れやすい。

66 みんなが買っているものは、「自分も買わないと損をする」と、だれでもつい財布のヒモをゆるめやすい。

以前、大阪の街頭で、トラック一台分のリンゴが群衆によって持ち去られるという事件があった。運転手がちょっとトラックを離れたすきに、何人かがリンゴを取っていくと、あとは黒山の人だかりになって、みんなわれ先にと争ってリンゴを取り、アッというまにトラックが空っぽになってしまったそうだ。

最初にリンゴに手を伸ばした人はともかく、大部分の人たちは、売り物のリンゴだとは知らず、タダで配っていると思ったのかもしれない。この事件に関して、「いくらタダのものと思ったとはいえ、群がってリンゴを取っていくとは、さすがお金に細かい大阪人だ」といった人がいるが、これはちょっとちがうと私は思う。大多数の人は、とくにタダだからリンゴがほしかったわけではなく、「みんながもらっているからほしい」という心理だったはずである。

無料の品物にかぎらず、お金を払う場合でもこれは同じだ。デパートのバーゲンセールなどでもそうだが、たいして気に入った商品でもないのに、大勢の人が商品売り場に群がっているのを見ると、つい自分も衝動買いしてしまう主婦が多い。人は大勢の人が同じ行動をしているのを見ると、自分も同じ行動をとりたくなる心理があるのだ。心理学でいう「同調行動」である。

人はこの同調行動でお金を使うことがひじょうに多い。黒山の人だかりを見ると、「皆が買っているのだから安心だ。いいものに違いない」と勝手に推測し、さらに「いま買わないと売り切れてしまう」と、あわててその品物を買ってしまい、あとになって粗悪品であることに気づき後悔するのである。これは、自分に行動原理がなく、他人に動かされやすい「他人志向性」の強い人間に多く見られる行動で、リンゴの例もまさにその典型だろう。よく大道商人が商品を売るときに、サクラを使って購買欲をあおるのも、買い手のこうした心理を熟知しているからといっていいだろう。

人は、売れていない商品にはあまり魅力を感じない。多くの人が買っているからこそ、よい商品なのである。株式投資に詳しい人の話によると、株で儲けるのは簡単で、底値のときに買って値上がりを待てばいいそうだ。「底値のときが買い」というのは、どの株の本にも書いてある鉄則なのだそうだが、実際のところ、底値でだれも買わないときに、あえて自分だけ買う人はそう多くないという。ほとんどの人が、天井値近くなって多くの人が買いに走るときに手を出すので、結局、あまり儲からないというわけだが、これらも同調心理のなせるわざなのである。

＊たとえ屋台でも、サクラがいるといないでは客の入りが違ってくる。

67 いつでも買えるわけではないと限定されると、それだけでトクな買い物という印象を与えやすい。

私は海外旅行に行くと、いつもくだらないおみやげ物の山に悩まされる。愚にもつかないチャチなものでも、海外の店先で見ると、つい手が出てしまうのだ。「いま買っておかないと、もう二度と手にははいるまい」と思うと、ついつい お金を払ってしまうのである。

これは、いってみれば「限定効果」のためである。すなわち、人はたくさんあっていつでも手にはいる商品には、それほど購買意欲をそそられないが、限りがあるということになると、どうしてもほしくなってしまうのだ。海外旅行で、つまらないおみやげ物を買い込むのも、「ここでしか買えない」という心理が、お金を使わせてしまうわけだ。

よくテレビのテレフォンショッピングなどで、商品を映し出した後、「この商品は本日午後四時まで受けつけております」などと時間を限定する。さしてほしくない商品でも、このように時間が限定されると、「四時までに電話をしないと、あの商品は永久に手にはいらない」という心理を買い手に起こさせ、購買意欲をそそることはたしかなようだ。

別な本でも紹介した話だが、以前、私は日本万歩クラブ主催の三宅島を歩く会に参加したことがある。そのとき、港で新鮮なカツオを売っており、その値段がとても安いので、主催者が樽ごと何杯か買った。帰りの船中で、参加者に分けようというつもりであった。

ところが、主催者が船内放送で「よいカツオがありましたので、参加者のみなさんに安くお分けします」といくら呼びかけても、誰も買いにこない。せっかくのカツオもムダになってしまうと主催者が頭をかかえていたので、見かねて私がマイクを取った。「ほんのわずかだけですが、残りがあります。今すぐおいでになればまだ手にはいります」と言ったところ、ワッと人が押し寄せてきて、あっというまに売り切れてしまった。

和服を売っているお店の人から聞いた話だが、年がら年じゅうバーゲンセールをしている店にはお客さんは寄りつかなくなってしまうそうだ。これは、もともと安物しか売っていないのだろうと、客がトクした気分になれないからだ。

このように人は、「これしかない」「今しかない」と限定条件をつけられると、価値判断や金銭感覚がふだんとはちがってくるのである。この心理メカニズムを利用して、売り手側ではあの手この手を工夫している。セーターなど、在庫はたくさんあっても、店頭に飾る枚数は少なくし、売れると補充していくなどというやり方は、販売戦術のイロハなのだそうである。

＊店頭に並べる商品は、つねに少なめにしておくことで購買欲をあおることができる。

68 極端に安い商品が置いてある店では、客は、他の商品まで安いと錯覚してしまいやすい。

元松戸市長の故松本清氏は「すぐやる課」を開設するなど、独創的な発想の市長として有名だったが、この松本氏はもともと、数多くのチェーン店をもつ「アイデア薬屋さん」として知られていた人でもある。その松本氏が当時二百円のトクホンを、なんと八十円で売ったことがある。八十円のトクホンは、連日売れに売れ、店は黒山の人だかりである。もちろん、原価を割っているので、トクホンの売り上げが伸びれば伸びるほど赤字も増える。しかし、店の経営は赤字になるどころか、大黒字だった。これは、トクホンだけを買って帰る客はほとんどなく、かならずといっていいほど他のクスリを何品か買って帰ってくれたおかげだ。他のクスリには、当然利益がうわのせされているから、トクホンの赤字分など問題にならないくらい大きな利益をあげることができたわけだ。

松本氏の成功のポイントは、買い手の「トクをしたい」という心理をうまくついたところにある。人間の欲望にはかぎりがない。目玉商品のトクホンの安さにつられてやってきた買い手は、「これがこんなに安いのだから、他のものも安いはずだ」と、欲につられて勝手にそう思いこんでしまい、買わなくてもいいものまで買ってしまうことになるのだ。

もちろん、こうした〝目玉商法〟は、いまやスーパーやデパートでごく日常的に行なわれているので、買い手のほうでもそれなりの心構えはできている。買うのは目玉商品だけで、他の商品には手を出さないという人もいないではない。にもかかわらず、スーパーやデパートで安売りや大売り出しをするとき、かならず目玉商品を用意するのは、〝お買い得〟商品に集まってきた客が、他の商品までお買い得のように錯覚して、〝ついでに〟けっこう買い物をしてくれるからである。そのためにデパートなどでは、たいして売れないことは最初からわかっていても、毛皮などの高額商品を大幅値引きとうたって並べることもあるようだ。要は、何かひとつでも「これはひじょうに安い」と買い手に強く印象づけることが狙いなのである。

また、ある婦人雑誌の調査だったと思うが、スーパーとその周辺の一般商店の商品の価格を実際に比較したところ、スーパーより、一般商店のほうが安く売られていたというケースが少なくなかったという。冷静に数字だけを比較してみると、かならずスーパーが安いというわけではないのである。にもかかわらず、スーパーは安いと思い込んだ人たちは、けっして安くはない商品をせっせと買い込み、満足げな顔でお金を払って店を出ていくのだ。

＊〝目玉商品〟を作ることで、その他の商品まで安く見せられる。

69 同じ商品を買っても、三百円の値引きより、三百円分のおまけのほうがトクだと思ってしまう。

最近多くなった大量卸しの紳士服では、スペアズボンを一本買うと、もう一本はタダという特典がつくという売り方をしているところが多い。実際のところ、一着のスーツに三本も替えズボンは必要ないのだが、もう一本はタダと聞くと、「それならスペアを作ろうか」と、つい思ってしまう人が多いようだ。また、ウイスキーのボトルを一本買うと、グラスや皿、またはミニボトルなどをおまけとしてつけてくることがある。ウイスキーを買う人のなかには、この皿やミニボトルに魅力を感じて買うという人も少なくない。

こうしたおまけ商法がすたれないのは、それだけ売上げ増の効果が期待できるからだろうが、こんなおまけをつけるよりは、いっそその商品本体の価格をおまけ分だけ下げたほうが消費者にアピールできるのではないかという考えもある。たしかに人は、同じものなら安いほうに魅力を感じるが、スーパーの値下げ商品やバーゲンセールなどに慣れた今の消費者の心理からいうと、価格を下げてもらうより、おまけをつけてもらったほうがトクをしたような気持ちになることが多いのである。

たとえば千円から三百円ディスカウントして、七百円の価格がついた商品を買ったとする。この場合、買い手は三百円トクをしたと思うだろうか。否である。買い手は千円の商品を七百円で買ったと思うより、最初から七百円の商品を買ったという印象を持ってしまう。つまり、その商品を最初から七百円の価値しかないと思ってしまうのだ。

それに対して、千円の商品に三百円のおまけがついた商品を買った場合はどうか。この場合、買い手は千円を出して千三百円の商品を買った印象を持つのだ。つまり、心理的な満足度は、おまけつきのほうがはるかに高いというわけである。

しかも、おまけには〝たなぼた〟式に得たという感覚があるが、これは自分が努力を払って手に入れる場合とちがって、トクをしたという気分が強いのである。しかも、それがちょっと変わったものだったりすると、役に立たないものでも、ひじょうにうれしく感じるのだ。

ウイスキーのミニチュア瓶とか、ちょっと珍しいデザインの皿など、わざわざお金を払って買うのはバカバカしいが、くれるというのなら欲しくないこともないという心理は、誰でも経験があるだろう。以前、あるメーカーが出したおまけのグラスが好評で若い人の中には、飲めないのにグラスほしさに買った人もいるというから、おまけにはやはり抗しがたい魅力があるのだろう。

＊商品が売れないときは、値引きするより〝おまけ〟をつけたほうが効果がある。

70 人は、自分のコンプレックスを解消してくれるものには、どんなに高い値段でも惜しまない。

男性用のかつらが、最近よく売れているそうである。私は幸いにしてまだ頭髪は後退していないが、髪の毛が薄くなることほど人生の秋を感じさせることはないらしい。若い人はもちろん、熟年の人であっても、髪の薄さはそれなりのコンプレックスを心の中に生じさせるようである。男性用かつらの売れるゆえんである。

人にはだれしも、その人なりのコンプレックスがあり、そのコンプレックスを解消してくれるものであれば、どんなに高い値段がついていても惜しいとは思わないことが多い。しかも、そのコンプレックスが自我の中核に近ければ近いほど、高い値段がつくものだ。もちろん、コンプレックスとはあくまで主観的なものだから、コンプレックスの補償を求める対象は、当然、人さまざまということになる。家や内装にお金をかける人、着る物にかける人など、その意識の違いによって何にお金をかけるかは違ってくるが、いずれにしても、自分のコンプレックスの補償には、人はだれでも大きな価値を置いているのである。

商売のコツには、この心理をうまく利用したものが少なくない。たとえばバーやキャバレーなどの水商売では、見てくれの悪い人、風采の上がらない人ほど、上得意の常連になりやすいそうだ。見てくれのいい人は、たいがいどんな店に行っても女の子にもてる。無理してお金を使わなくても女の子が寄ってくるのだから、大盤ふるまいしなくていいし、常連にもなりにくい。ところが、お世辞にもいい男とは言えないような客は、一生懸命女の子にもてようとして、多少見栄をはってでもお金を使おうとする。ほかの店に浮気することも少なく、常連になりやすい。したがって、商売上手の店では、かえって風采の上がらない客を大事にするそうだ。女の子にもてたいという客のコンプレックスを、うまく利用するのである。自分の見てくれに自信を持っていない人ほど、なんとかそれを補いたいと、多少値段がはってもお金を使うというわけだ。

またあるLサイズ専門の店では、めったに売れない超特大サイズのものをわざと展示しているそうだ。そうすると、大多数の客はそれを見て「自分はここまでは太っていない」と安心し、割高な値段でも洋服を買っていってくれるという。

人間は、多少値段が高くても、自分のコンプレックスを解消してくれるものなら、安いものだと感じるのである。こうした人間心理の弱点につけこんだ商法にあなたもだまされていないか、一度考えてみてはどうだろう。

＊風采の上がらない客ほどだいじにすると、常連客になりやすい。

71 たとえ営業上の言葉とわかっていても、店員に何かすすめられると買うのを断わりにくくなる。

レストランに行ったとき、食べるつもりのなかったものまで、つい注文してしまうことがある。先日も、友人と「ステーキでも食べよう」とあるレストランにはいったのだが、そこのウエイターがじつによく心得ているというか、客に注文をさせるのが巧みだった。

まず、私たちが「ステーキを」というと、「お肉にもいろいろありますが、こちらなど肉がやわらかくておいしいです」と高い肉を指した。こういう場合、「いや、安い肉でいい」と言うのはなかなか勇気のいることである。

かくして高いステーキを注文させられると、「スープはいかがいたしましょうか。当店の自慢の味でして」とたずねてくる。では、スープももらってみようかと言うと、今度は、「サラダはいかがいたしましょうか。ステーキのときは、みなさんサラダをとっておられるのですが」とくる。

こうして気がついてみると、最初はステーキだけを食べるつもりでいたのに、とんだフルコースを食べるハメになっていたのである。

これは、人はいったん何かをすすめられると、頼むつもりがまったくなかったことでもこれを断わるのには強い心理的抵抗を感じるからである。断ったら、相手にケチだと思われないか、相手を不快にさせないだろうかという不安が生じ、断りにくくなる。その点、「ノー」と言うより、「イエス」というほうが、よほど精神的にもラクなのである。とくに、この場合、もし異性同士で来ていたら、男性のほうは、連れの女性のまえで恥をかきたくないという心理から見栄をはりやすいので、すすめられるままに、どんどん注文してしまうのではないだろうか。

男同士の客でも、相手が美人ウエイトレスだったりすると、その美人ウエイトレスのすすめには弱くなる。相手は店の人間だとわかっていても、つい異性のまえでは見栄をはって、心ならずも高い物を注文したりするハメになるのである。

このように、人はちょっとした見栄と引きかえに、使うつもりのなかったお金でも使ってしまうのである。ただし、福富太郎氏によれば、店に美人をおけば、男性客の売上げが増すというやり方も、場合によってはかならずしも通用しないそうだ。あるおそば屋さんでは、美人で魅力的なおかみさんがレジにいるので、そのおかみさんに気をとられて、男性客はなかなかそばを食べてくれず、昼食時でも、お客の回転率がひじょうに悪いのだという。

＊女性連れの男性客は、高い物でも買わせやすい。

72 現在の不便を解消してくれるものより、現在の夢をかなえてくれるものに、人はお金を使おうとする。

主婦が嫌いな家事として第一にあげるのは、食事をしたあとの食器洗いだそうだ。たしかに、食後、ゆっくりしたい気分でいるときに、汚れた食器の山を見たら、だれでもうんざりするだろう。最近、店で買ってきたパックのまま、おかずを食卓にだす手抜き主婦がふえているそうだが、これもすこしでも食器洗いを減らしたいという心理があるからだろう。

このように、主婦が食器洗いを嫌っているのはたしかなのだが、主婦のこのわずらわしさを減じてくれるはずの自動食器洗い機はとんと売れないという現象がある。

以前、あるメーカーが自動食器洗い機を売り出そうとして、主婦を対象にアンケート調査をしたことがある。内容は、「自動食器洗い機と電子レンジがあったら、どちらを買いますか」というものだった。メーカー側としては、電子レンジは、時間のない人には便利かもしれないが、いつも家庭にいる主婦にはそう必要とされまい。自動食器洗い機に魅力を感じる主婦のほうが多いにちがいあるまいと予測していたのだが、結果は、食器洗い機はひじょうに不評で、そのメーカーは食器洗い機の発売をやめてしまった。

なぜ、こんな結果になったかというと、主婦にとって電子レンジは、これまでにない、まったく新しい調理用具だったからではないだろうか。つまり、新しい生活の可能性を広げてくれそうな〝夢〟があるわけである。それにくらべて食器洗い機は、現在感じている不便さの一部を解消してくれるかもしれないが、夢というものはあまり与えてくれない。食器洗い機を買っても、生活がガラッと変わって楽しくなりそうなイメージがないのである。

こうした場合、同じお金を使うなら、現在の不便を解消してくれるものより、夢をかなえてくれるものをと、人間だれしも考えるものだ。その不便さがどうしても耐えられないと感じるものなら話は別だが、そうでなければ、今と同じようにがまんすればすむからである。

たとえば、風呂のないアパートに住んでクルマを持ち、クルマで銭湯に通う若者がいる。私などからみると、自宅に風呂がない不便さには耐えられないので、クルマにつぎこむ金があれば、まず風呂つきの部屋を探すのが先決だと思うのだが、そうした若者にとって、クルマを持つ喜びの大きさにくらべたら、風呂のない不便さや苦痛などはそれほどでないらしい。

むしろ本人にとっての心理的価値からいうと、部屋に風呂などなくても十分にバランスがとれ、むしろ、意気揚々とクルマで銭湯に通っているのかもしれない。

＊商品の売り込みには、便利さを強調するより、その便利さから生じる効果を強調したほうがいい。

73 女性がバーゲン品にとびつくのは、〝安く買った〟という行為そのものに満足感を覚えるからである。

一般的にいって、男でショッピングを楽しむといった趣味をもつ人というのは少数派だが、奥様族や若いＯＬ族の会話を聞いていると、買い物をするという行為は、ほとんどの女性にとっては趣味に近い領域であるかのように感じられる。相手の着ている服や、はいている靴、もっている小物にまで、一瞬のうちに素早く目を通し、たちまちのうちに値ぶみまでする。この値ぶみのあとに続く会話は、ほとんどの場合お世辞と本音とをまじえた服や靴、小物の品評会で、趣味がいいの、どこで買ったの、いくらで買ったのといった、男には余計なせんさくとしか思えないような質問の洪水となる。しかも、もっと驚くことは、女性にはバーゲン品に対するある種の信仰があるのではないかと思えるほど、買ったことへの誇り、買った人への嫉妬があることである。

男でも、値打ちの品を安く買ったりしたときには、それなりの自慢話になるが、それでも、買った品がどういう点で値打ち品で、なぜそれがほしかったのかといったようなことに、なるほどというような合理性がないと、自慢すればするほどバカにされるのがオチである。ところが、女性の場合はどうもそうではないらしい。男性にとっては「安く買った品物」が問題なのだが、女性にとっては、どうやら「安く買ったこと」そのものに大きな意味があるようだ。

デパートなどのバーゲンセールには、女性がわんさと押しかけて、人をかき分け押しのけてバーゲン品に飛びついているが、交通費と時間とをかけて買い物をし、安い安いといって余分なものまで買い込んだりすることを冷静に判断すれば、トータルではたして安く買っているのかははなはだ疑問である。しかし、こうした疑問は男性の論理であって、女性のバーゲン品に対する論理からは、このトータルの損得計算はスルリと抜け落ちている。

心理学に「コンピテンスモチベーション」という用語がある。たとえば幼児が、熱心にバケツを棒で押して向こう側に動くのを楽しんでいるとする。何もほうびをもらえたり、おこられたりするわけではないが、これはある種の自分の有能さを確認する行為で、そうした行為自体を楽しんで、満足感を得ようとする心理のことだ。女性のバーゲン信仰も、これに似ている。

けっきょく、女性にとってはバーゲン品を買うことは、経済観念が高くやりくり上手な主婦としての有能さを、自分で確認していることなのである。安い買い物をする腕、目利きを、自分なりに納得して、そこに大きな喜び、満足感を得ているというわけだ。バーゲン品を買ったことをめぐる女性同士の自慢合戦も、こうした心理に基づいているといえるだろう。

＊女性客には、〝買い物上手〟ということをほめると効果がある。

❺ 賭ける・儲けるの心理術

なぜ、負け続けていてもギャンブルはやめられないのか

74

小金持ちが詐欺にあいやすいのは、〝ちょっとした大金〟を扱うための金銭感覚が不足しているからである。

新聞を見ると、〝有利な内職〟をエサに主婦たちから金をだましとったり、〝有望な投資〟と称して、定年退職者の退職金をまきあげたりする詐欺事件があとをたたない。こうした詐欺の被害者になるのは、コツコツと貯金をためたハイミスや、退職金をふところにした人など、いわゆる小金持ちが圧倒的に多い。

考えてみれば、お金のない人は、そもそも詐欺にひっかかるだけの資金がない。逆に大金持ちになると、わざわざリスクの大きい投資をしなくても十分に豊かなのだから、〝うまい話〟にもそう簡単には乗ってこない。小金持ちこそ詐欺師たちの絶好の標的なのだが、小金持ちはまた、〝うまい話〟にひっかかりやすい心理的盲点をそなえているのである。

というのは、小金持ちとはいっても、彼らの大半かふだんの生活で扱っている金は、それほど大きくはないはずだ。百万単位の金を動かしたりすることは、そうはないのではないか。人間とは不思議なもので、日常的な金銭のレベルなら理性的に対処できるのに、それとはケタがちがう金額を扱うとなると、とたんに理性が働かなくなり、判断力なども鈍りがちなのである。

そのため、〝うまい話〟にポンと虎の子をはたいてしまうようになる。

こうした小金持ち相手の詐欺で、もっともポピュラーなのがゴルフ場詐欺ではないだろうか。一人あたり二、三百万円の金だけ集めておいて、いっこうにゴルフ場ができなかったり、できても万を越える数の会員がいて、会員権は紙切れ同然というものである。じつをいうと、かくいう私自身、このゴルフ場詐欺にひっかかっているのだが、詐欺にあってはじめて、この手の被害者が多いことがわかった。この体験を話すと、「じつは私も」という人が、続々と出てきたのである。とくに大企業の部長クラス以上は、軒並みといっていいくらいだった。社会的常識も判断力もある人たちが、一枚のパンフレットを見せられただけで二、三百万円を出しているのだから、小金持ちの金に対する判断力は、やはり相当甘いのである。

ただ、こうしたゴルフ場詐欺は、あまり事件としては登場してこない。小金持ちにとって、被害金額がそれほど負担にはなっていないということもある。これが、その金がないと明日から食べるのに困るというと話はちがってくる。だから、たとえ被害金額は少なくても、〝有利な内職〟にヘソクリをはたいた主婦や、老後資金がパーになった人たちは、それを取り戻そうと必死になり、新聞の社会面をにぎわす〝事件〟になるのだ。

＊高級品の売り込みは、〝大金持ち〟ではなく、〝小金持ち〟を狙うと効果があがりやすい。

75 たとえ半信半疑でも、儲け話だと「信じたい」という願望から自分を説得してしまうことがある。

「当たるも八卦、当たらぬも八卦」といわれるが、占いにみてもらう人はあいかわらず多い。なかにはひやかし半分の人もいるようだが、深い悩みをかかえて真剣に占いに頼ろうとする人の数はけっして少なくない。占い師にみてもらうことで、何とか解決の道を見つけたいと、必死で願っているのであろう。しかし真剣に見てもらっている人には悪いが、私などの部外者がそれとなく脇で聞いていると、占い師の言うことには、とりようによってはどうとでもとれるような部分が多い。それにもかかわらず、見てもらった人はそれなりに話に納得して帰る。

これは、占いを受ける人には、あらかじめ無意識のうちに、こう占ってもらいたいという期待があるためだろう。つまり、占い師の言葉の中からその期待に合う部分だけを受け入れて組み立てて、自分で納得してしまうのである。都合の悪い部分は、心理的には聞こえないわけだ。心の中に何らかの強い欲求があると、その欲求に合致する情報だけが受け入れられてしまうという心理メカニズムである。

人間のこうした心の弱さは、お金がからむとよけいあらわになる。ときどき新聞などのマスコミをにぎわすネズミ講なども、あれだけ批判を浴びていながら、いまだに手を変え品を変えて登場し、被害者があとをたたない。ご存じのようにネズミ講とは、親は子を、子は孫をと、ネズミ算的に会員を増やし、自分の作った子や孫以下から会費に応じたピンハネをするというものである。冷静に考えれば、永久に会員がふえつづけなければ成り立たない論理である。ある人の試算によれば、一週間に五人ずつ子を作っていったとして、一年足らずで地球上のすべての人間が会員になるという。どう考えても、無理のある儲け話で、トクをするのはごく一部の人だけだということは、こんな計算をしなくてもすぐにわかりそうなものである。にもかかわらず、このネズミ講にまんまとひっかかる人がゾロゾロと出てくるのである。

しかし、ひっかかった人たちにしても、ほんとうのところは半信半疑だったに違いない。そんなうまい話は現実にはそうそうないということは、だれにでもわかっていることなのである。それでも、子を五人くらい作るくらいはなんとかなるとか、大儲けはできなくても、まるまる損をしてしまうことはないだろうなどと、自分に都合よく解釈して、半信半疑だった自分自身を納得させてしまう。だれでもお金を儲けたいという強い欲求があるからこそ、その儲け話を否定するような悪い情報はシャットアウトし、いい情報だけを選んでしまうわけだ。

＊「うまそうな話」の中でひっかかる部分があったら、そこをとことん調べてみるといい。

76

ギャンブルにのめり込んでしまう人が絶えないのは、勝ったり負けたりするからである。

一度ギャンブルの味をしめると、それから逃れるのはむずかしいといわれるが、事実、ギャンブルにのめり込んで破滅してしまう人はあとをたたない。夫が妻に渡すべき給料を、全額賭麻雀につぎ込んだり、サラ金で借金をしてまで馬券を買ったりと、ギャンブルへののめり込みが原因になっての家庭悲劇はつきることがない。

やればお金を失うのはわかっているのだから、やらなければいいという理屈は小学生にもわかるはずだが、それでもやめることができないのがギャンブルだ。たしかにギャンブルには麻薬のように人をとらえて離さない魔力があるようだ。

学習心理学の用語に「間欠強化」という言葉がある。これは「正しい反応に対して報酬が与えられる頻度が少ない状態で身につけた反応ほど、その報酬が止まったときにもなお、その状態で反応し続ける」というもので、これには有名な実験あるが。この実験は、レバーを押すと、かならず自動的に餌が出てくる装置のついた箱と、レバーを押してもときどきしか餌の出てこない箱を用意し、その箱に空腹のネズミを入れて、その反応を見るというものである。

実験の結果、レバーを押すとかならず餌の出てくる〝一〇〇パーセント強化型〟の箱のネズミは、すぐにレバーを押すことを覚えたが、餌を出さないようにすると、すぐにレバーを押さなくなってしまった。それに対してときどきしか餌の出てこない〝間欠強化型〟の箱のネズミは、餌を出すのをやめても、長時間あきらめずにレバーを押し続けたのである。

競馬、パチンコ、麻雀と、あらゆるギャンブルにはこのネズミの箱と同じ要素がある。すなわち、お金を賭けていれば、勝つこともあれば負けることもあるということだ。その勝つこともある——たまに勝つという間欠強化がギャンブルをやめられなくするのである。

いってみれば、じつに当たり前のことだが、その当たり前のことがギャンブルの魔力だ。勝つか負けるかわからないが、「勝つ」という結果を出すためには、かならず賭けなければならない。賭けなければ「負ける」ことはないが、けっして勝つこともない。ネズミは餌が出てくるかこないかはわからないが、とにかくレバーを押さないことには餌を口にすることができないように、ギャンブラーも、あくことなく勝負にお金を賭けつづけるわけだ。

かりに賭けるとかならず勝ったり、最初から負けつづけるようであれば、ギャンブルはやめようと思ったときにあっさりと手を引けるはずなのである。

＊ギャンブルをやめたいと思ったら、一度徹底的に負けてみる。

77 勝負事では、「あと二万円しかないから負けられない」と思うと、冷静な判断力を失いやすい。

競馬場などで、最終レースに家に帰る電車賃までつぎこんでしまい、一文なしになって徒歩で帰宅する人がいる。常識的に考えれば、どんなに負けがこんだとはいえ、家に帰るお金ぐらいは残しておくのが正常な判断だと言う人もいるだろうが、それはギャンブルをする者の心理を知らない人の言葉だ。ギャンブルに興じる人は、誰でもギリギリの状況になると、常軌を逸した行動に出てしまうものなのだ。

競馬に限らず、ギャンブルをやったことのある人なら誰でも体験したことがあると思うが、ギャンブルはお金の余裕がなくなってくればくるほど負けやすくなる。これはお金に余裕がなくなってくると、「あと○○円しかないから、この勝負には絶対負けられない」と、気持ちにも余裕がなくなってきてしまうからだ。しかも、どんな人でも、負け続けているとフラストレーションが高まってくる。そうなると、人間はどうしてもエモーショナル（感情的）になってしまう。しかし理性を忘れて感情的になれば、その判断には狂いが生じやすくなる。当然、勝負に勝つ確率は低くなる。

将棋の木村名人は、この心理法則をうまく利用して、しばしば負け将棋を逆転したといわれる。木村名人は、勝負の旗色が悪くなると、中盤で突然、「まいった、まいった」と小声でつぶやく。その声を耳に入れた挑戦者は、ドキッとして「この勝負、ひょっとしたら勝てるかも」と胸をときめかす。しかし、胸をときめかせた瞬間、挑戦者は冷静な判断力を失ってしまうのである。こうして相手の感情を乱すことで悪手を誘い出すというのも、木村名人の戦法の一つだったわけだ。

私の趣味の一つに麻雀があるが、この麻雀も感情的になると、大負けするギャンブルだ。麻雀は、長期的な展望を必要とするゲームである。最後に笑う者になるためには、全体の局面を考えて、あがることばかりでなく、ときには自分の手を殺しておりることも考えなくてはならない。しかし、負けが込んでくると、自分の手を殺すどころか、上がることばかりに執着し、ついには相手の大きな手に振り込むはめになってしまい、さらに傷口を広げることになるのである。これは心理学的にいえば一種の視野狭窄に陥っているわけだ。この視野狭窄になると、「どうしても、このレースだけは勝たなくては」などと、状況にこだわってますます負けつづけ、最後には一文なしになってしまうはめになる。

＊お金に余裕のないときは、勝負事はあきらめたほうが無難。

78 トータルでは損をしていても、すこし儲かると、過去の損は忘れて得をした気になる。

競輪、競馬などの開催日には、その開催地へ向かう電車やバスは、新聞片手の人々でいっぱいになる。先日もそうした電車に乗り合わせ、仲間同士と思われる人たちの会話を聞くともなしに聞いていると、誰も彼も、自分が大穴を当てたときの自慢話ばかりである。競輪や競馬の常連とは、そうした大当たりを一度や二度は現実に体験しているにちがいない。彼らの話も、まんざらホラを吹いているわけでもなさそうで、それなりに自分の体験を熱くなってしゃべっているのだが、かといって、そうそう彼らが思っているほどには、大儲けしているはずはない。トータルでは儲けてもいないのに、なぜ彼らは一時の大当たりを得したかのように喜ぶのだろうか。

アメリカで、幼少期からの思い出を思いつくまま書きとらせる調査が行なわれたことがある。幼少期の思い出というのは、家族そろって遊園地に行ったとか、運動会で一等賞をとったとか、楽しかった思い出が書かれていることが多い。いくら幸せな幼少期を過ごした人であっても、いい思い出ばかりがあったというはずはない。親に叱られて大泣きしたり、ころんで痛い目にあったり、言うも恥ずかしいような失敗をしたりといった、不愉快な思い出もきっとあったにちがいないのだが、なぜかそうした不愉快な思い出は、心のなかに浮かんでこない。無意識のうちに、自分にとって快かった思い出だけを選んでしまうのである。

こうした心の動きというのは、いわば人間の自然な自己回復作業である。いつまでも苦い思い出にしばられていては、自我に脅威を与えて不快である。そこで適度に忘れたり矮小《わいしょう》化して、不愉快だったことを抑圧してしまう。逆に、いい情報、いい思い出というものには、無意識のうちにも、たのしかった、うれしかったという過大評価を与えやすい。

競輪や競馬に通う人たちの心理にも、これと同じことが作用している。競輪、競馬などで儲かるものなら、予想屋などとっくに大金持ちになっているはずで、どんなに賭けごとがうまい人でも、トータルでトントンにいけばいいほうだ。それでも彼らが大穴を当ててトクした気でいるのは、それまで負け続けていたことを忘れたか、過小評価しているせいである。一万円ずつ十回すってしまって、つぎの一回で十万円儲かれば、客観的には、プラスマイナス、ゼロである。ところが彼らの心情では、これがプラスマイナス、ゼロにはならない。一発で十万円当てた喜びのほうがはるかに大きく、過去の損はきれいに忘れてしまって、大儲けしたかのごとくに感じるのである。

＊賭け事で「勝った」という自慢話は、話半分に聞いておいたほうがいい。

79

宝くじは当たらないと思って買うからこそ、当たったとき、人は困惑しやすい。

以前、ある人が一等に当選した宝くじを、周囲の人たちの見ている前で破いて捨てるという事件が起こったことがある。この新聞記事を読んで、なんともったいないことをすると嘆息をついた人も多いだろう。せっかく当たった宝くじを破って捨てるとは、常識では考えられないことだが、この人の場合、べつに精神に異常をきたしたわけでもなんでもなく、やっかみ半分、ひがみ半分でいろいろと中傷する周囲の目に抗議して、宝くじを破って捨てたのである。

いくら抗議のためとはいえ、もったいないことには変わりないが、これは宝くじが当たることについて、心の準備ができていなかったために起きた行動といえよう。当たるつもりがなかったからこそいざ当たったときの精神的な動揺が激しく、一種の極限状況に追いつめられたあげくの行動であったと思われる。

株や債券のように、宝くじを投資の対象と考えている人は、日本広しといえどまずいまい。なかには職場の仲間同士で、お金を出し合って大量にくじを買って、当たる確率を高めようとしている人たちもいるが、それとて実際に当たったときのことを予定に入れて生きているわけでもあるまい。多くの人は、宝くじは当たらないことを前提に買っている。「こんなものを買っても、当たるわけはないけどネ」ぐらい現実感覚で、「それでも当たったらいいなあ」と〝夢〟を買っているのである。

それを証明するのが、当たりくじを換金にこない人がけっして少なくないという事実だ。一等でも、当選者があらわれないことがあり、第一勧業銀行ではこの払い戻されない当選金が一年間に十数億円にものぼるという。これも、宝くじを「当たらなくては困る」などとせっぱつまった心理で買った人なら、当選発表にけっして無関心ではいられないが、「当たったらいいな」ぐらいの気持ちで買うと、夢を買った時点ですでに満足し、あとは買ったくじのことなど忘れてしまうためであろう。

ところで、ある調査によれば、宝くじを買うのは、主に中年男性だそうだ。主婦と若者はほとんど買わないという。というのは、若者は宝くじの夢を追わなくとも、楽しみを数多く知っている。また、主婦は宝くじを買うお金があるなら、それでスーパーの特売の肉でもと思うほどに現実的である。結局、当たるわけはないと思っていながらも、ほんのすこしの間だけ夢を見させてくれる宝くじを買うのは、中年亭主族ということになるわけだ。

＊宝くじなら、もっとも手軽に〝夢〟が買える。

80

中身が見えないものは、たとえ損をする不安があっても「のぞきたい」という心理につい負けやすい。

友人が先日街を歩いていたら、道路の脇に人だかりがしている。なんだろうと思って近づいてみたが、人の背中がじゃまで見えない。見えないとなるとよけいに見たくなるのが人情というもので、人をかきわけるようにして前に出てみて、若手の人気タレントがテレビのロケ中ということに初めて気がついた。いい年をした友人は、照れくさい思いをしながら外へ出たということだ。

人間には、誰にでも「のぞき見」の心理がある。中が見えないように、隠されていたりすると、不思議なもので、なにがなんでもその正体をのぞいてみたいという強い好奇心がわいてくるのである。アメリカのテレビ番組で、この心理を実験してみたことがある。道路に面した塀に人がのぞけるぐらいの穴をあけ、そこに「のぞくべからず」と書いた張り紙をして、隠れたところから通行人の様子を撮影したわけだ。その結果、なんと通りかかったほとんどすべての人が、その穴をのぞいていったのである。これも、「のぞくべからず」の張り紙で、塀の中に何かが隠されてあるかのような錯覚を起こさせるので、誰しも中が気になって、好奇心からのぞいてしまう。

この「のぞき見」の心理を商売に応用したのが、正月になると売られる福袋である。ご存じのように福袋とは、正月の初売りのとき商店街やデパートで売られる商品で、買って帰って開けてみるまではその中に何がはいっているかわからない。「子どもが福袋を買ったらほとんど売れ残り商品だった。インチキ商売はやめてほしい」などという投書を新聞でしばしば見かけるが、にもかかわらず、これが飛ぶように売れるらしい。一般的には、千円とか二千円とかの買いやすい値段になっているが、中には高価な福袋もある。最近、あるデパートでは数十万円もする福袋を出して、しかもそれが売れたということで話題になった。

買って帰って開けてみた結果、金額より割高の商品がはいっていて得することもあれば、期待に反してガッカリするような商品しかはいっていないこともある。いずれにしても、中身はのぞいて見なければわからない以上、損をするかもしれないという不安があっても、人間の心理としてついつい買ってしまうのである。

福袋とはそもそも不要不急のものだ。ある目的をもって買うわけではないから、高価なものでないかぎり、たとえ開けてガッカリしても、わざわざ文句を言いにいく人は少ない。これは、人は、自分の買い物のミスをなかなか認めたがらないからである。そのために文句を言いにいく気もなくなり、何度も好奇心に負けて同じ買い物をくり返すわけである。

＊新商品の魅力を高めるには、中身がわからないようにしてしまうのも一法。

81

金のない人ほど、追いつめられた状況でも、「まだなんとかなるんじゃないか」と楽観的になりやすい。

金儲けの神様といわれる邱永漢氏によると、商売のコツの一つは、〝見切り〟にあるのだそうである。たとえば、三年たっても伸びない商売は、どこかに致命的な欠陥があるはずで、それ以上辛抱を重ねても意味はない。損害を最小限度にくいとめ、ほかの商売へ切りかえる余力を残しておくためにも〝見切りどき〟を見誤らないことかだいじで、「まだなんとかなるんじゃないか」といった希望的観測をするようでは、ほんとうの商売人にはなれないというのである。

しかし、実際には、この見切りをつけるのはむずかしい。資金のない人ほど、はかない期待にしがみついて身を滅ぼしてしまいかねないのである。これは、そこで手をひけば、それまで投資したお金は全部パーになってしまうから、投資したお金に執着するあまり、現実が見えなくなってしまうからだ。しかも現実が自分にとって不利になればなるほど、その現実から目をそらして、わずかな可能性に飛びつきやすい。「ここであきらめたら、いったい何のために投資したかわからない。もうすこしのガマンだ」などと考え、最後の厳しい現実に直面するまで、自分のミスに気がつかないのである。その結果、決定的なダメージを受けてしまうのだ。

雑誌などでも、三号出して一定の部数に到達できないものは、まず見込みがないというのが常識だそうだ。事実、大手の出版社ほど見切りは早く、傷口を大きくしないうちに次の新しい企画へと方向転換する。小さな出版社にかぎって、無理をして号を重ね、ついには倒産に追いこまれてしまうケースが多いようだ。読者の反応を、希望的観測抜きで正確に分析し、的確な判断を下すだけの余裕がないのである。たった一人の読者から寄せられた〝はげましのお便り〟に、数万人、数十万人の幻覚を見てしまうのだ。

ギャンブルについても、これと同じことが言えるだろう。資金的にも精神的にも、余裕のある人ほど引き際がうまい。たとえば、パチンコで、二千円の元手で、千八百円ぶんの玉が出たとしよう。余裕のある人は、これ以上やっても無駄と判断したら、台をかわるなり賞品と交換するなりするのだが、余裕のない人ほど、ここでやめたら損になるし、これだけ出たのだからもうすこし出るはずだと考えてしまう。二千円使ったのだから、せめて元手分は、なんとか取り返したいなどと粘っているうちに玉はなくなる。ここで見切りをつければまだ被害は少ないのに、取られた二千円を取り戻そうとして、一万円以上もつぎ込んで、モトもコも失ってしまったりするわけだ。

＊ギャンブルで大負けしないためには、元手を取り戻そうと考えないことである。

お金の心理術

上手にお金とつきあう81のテクニック

2020年4月10日　初版第1刷発行

著　　　者／多湖　輝
発　行　者／赤井　仁
発　行　所／ゴマブックス株式会社
　　　　　　〒107-0062
　　　　　　東京都港区南青山6丁目6番22号
印刷・製本／日本ハイコム株式会社

ISBN978-4-8149-2210-9

●ごま書房『お金の心理術　人はなぜお金の魔力に操られてしまうのか』（1985年5月30日第1刷発行）に基づいて制作されました。

ゴマブックスのホームページはこちら
http://www.goma-books.com/